アジア・アフリカの都市コミュニティ

「手づくりのまち」の形成論理とエンパワメントの実践

城所哲夫　志摩憲寿　柏﨑梢　編著

学芸出版社

本書で扱うアジア・アフリカの国々

第4章｜中国
● 西安

第2章｜タイ
● バンコク

第3章｜フィリピン
● セブ

第1章｜インドネシア
● ジャカルタ

はじめに

　世界の都市人口が歴史上はじめて 50%を超え、歴史的に都市化が進んできた経済的に豊かな国に限らず、アジアでもアフリカでも、世界のどこの国においても都市に住まうことが普通の光景になりつつある。さらには、これからの 10年、20年の間に、世界の大半の人が都市に住む時代となる。ただし、これらの人々の住む都市は、長らく都市のデファクト・スタンダードとなってきた欧州や北米の都市とはまったく様相を異にした都市である。たとえば、よく指摘されるように、世界のメガシティ（人口 1000万人超の都市圏）は現在 30都市圏あるが、その内訳は、アジアが 18都市圏、中南米 4都市圏、アフリカが 3都市圏を占め、欧州と北米は合わせて 5都市圏にすぎない。

　現在、アジアや中南米、さらにはアフリカにおいて立ち現れつつある新しい都市とはどのようなものであろうか。それは一言でいえば、テクノロジーの粋をこらして計画的に開発された超高層ビル群の立ち並ぶファッショナブルな地区と、その足元に広がる非計画的で雑多なまちという、まったく異なる論理のもとで形成される二つの地平からなる都市であり、まさにこのような都市が 21世紀の都市の新たなデファクト・スタンダードとなりつつあるといってよいだろう。

　現代都市の二つの地平の一方を占める非計画的で雑多なまちは、近代的な土地制度や都市計画制度というフォーマルなプロセスには必ずしも当てはまらないかたちで生まれつつある。このようなまちはインフォーマル市街地と呼ばれるが、今まで、必ずしも包括的に論じられてこなかった。本書は、この研究上のギャップを埋めることを目的としている。序章では、インフォーマル市街地の特質、課題、政策動向における論点を解説し、各章を読み解く上でのガイドラインを提供している。本書の中心となる 1章から 9章は、東アジア・東南アジア 4カ国、南アジア 3カ国、アフリカ 2カ国のインフォーマル市街地の最前線における長期にわたるフィールドワークの成果についての報告である。最後の結章において全体のまとめを示した。

　1章から 9章のフィールドワークの内容は、対象とする地域の社会状況や研究関心の置きどころに応じて多様な議論を包含するものであるが、そこに通奏

する共通の問題意識は、「現代都市を構成する一方の地平であるインフォーマル市街地におけるまちづくりのあり方こそが、これからの都市のデファクト・スタンダードをつくりあげていく」というものである。

　現代都市のもう一方の地平である計画的な超高層ビル群からなる地区は、グローバリゼーションの進む世界におけるグローバル・スタンダードのもとで、ニューヨークや東京、あるいは、つい最近まで世界から閉ざされていたミャンマーのヤンゴンに至るまで、ますます共通した文法のもとでつくられた個性のない空間（あるいはグローバル化という世界共通のアイコンによってつくられた空間）を生みだしつつある。それに対して私たちが、アジア・アフリカ都市のフィールドワークの中で感じてきたのは、そこに住む人々が不断に手を加えつつ生みだしてきたインフォーマル市街地こそが、生き生きとした都市の個性を育む母体となる可能性を秘めているのではないかという実感である。

　本書では、このような観点から、インフォーマル市街地の本質として「手づくりのまち」というキーワードを掲げた。このキーワードが適切なものであるかどうかについては、読者の方々のご判断を仰ぎたい。

　本書が、これからの都市の新たな地平を切り開こうとする、まちづくり・都市づくり分野、国際協力分野、社会・福祉分野など、多方面の方々の間での議論を巻き起こすことを切に願うものである。

2015年11月
城所哲夫

はじめに　　　　　　　　　　　　　　　　　　　　　　　　　　　　　　4

序章　　　　　　　　　　　　　　　　　　　　　　　　　　　　　城所哲夫
アジア・アフリカのまちづくり：論点

- 1　インフォーマル市街地と手づくりのまち　　11
  - 1.1　インフォーマル市街地とは？　　11
  - 1.2　手づくりのまちの可能性　　13
- 2　アジア・アフリカにおけるまちづくりの潮流と論点　　14
  - 2.1　貧困緩和政策と居住政策　　15
  - 2.2　居住政策とまちづくり：潮流と論点　　16
- 3　成長するコミュニティ・ガバナンス　　19

第1部　東アジア・東南アジア　　　　　　　　　　　　23

第1章　──インドネシア　　　　　　　　　　　　　　　　志摩憲寿
「手づくり」の居住環境改善事業とその展開

- 1　カンポン改善プログラムの到達点　　26
  - 1.1　カンポン改善プログラムへの評価　　27
  - 1.2　カンポン改善プログラムの到達点　　29
- 2　インドネシアにおけるインフォーマル市街地の居住環境改善策の系譜と現在　　30
  - 2.1　カンポン改善プログラムとインフォーマル市街地の居住環境改善策の系譜　　32
  - 2.2　現在：「2019年までにスラムなき都市を」　　33
- 3　「手づくりのまち」の展開可能性：インドネシアの経験から　　36

第2章　──タイ　　　　　　　　　　　　　　　　　　　　柏﨑梢
都市コミュニティをめぐる組織化と地域化

- 1　バンコク・メガシティの誕生とスラムの生成　　38
  - 1.1　城壁からの都市化　　38
  - 1.2　膨らむスラム人口　　39
  - 1.3　スラム政策とコミュニティの萌芽　　40
  - 1.4　タイ的なる「コミュニティ」主義の影響　　40
- 2　「スラム」から「都市コミュニティ」へ　　41
  - 2.1　コミュニティの登録開始　　41
  - 2.2　テーマ型グループの急増とネットワーク化の拡大　　43

2.3　投資先としてのコミュニティへ　　44
3　新たな変容としての地域化　46
　　3.1　コミュニティのフォーマル化　46
　　3.2　バンコクのコミュニティ組織協議会　47
　　3.3　コミュニティ組織協議会の実態分析　49
　　3.4　コミュニティ組織協議会の事例　53
4　コミュニティの組織化と地域化プロセスから見える展望と課題　55

第3章　——フィリピン　　　　　　　　　　　　　　　　小早川裕子
セブ市における土地取得事業導入過程

1　インフォーマル市街地の拡大と土地取得事業　59
　　1.1　インフォーマル市街地の形成　60
　　1.2　国家の都市貧困削減政策　61
2　インフォーマル市街地、バランガイ・ルス　64
　　2.1　バランガイ・ルスの誕生とスラム形成過程　64
　　2.2　土地取得事業導入前のルス住民の経済状況　66
3　土地取得事業の導入と住民の選択　67
　　3.1　コミュニティ抵当（CMP）事業導入までの経緯　67
　　3.2　CMP事業導入当時の住民の選択とその社会性　69
　　3.3　関係アクター間の隠れた目論み　73
4　コミュニティ開発の3段階プロセス　75

第4章　——中国　　　　　　　　　　　　　　　　　　　　孫立
城中村現象とその住環境整備

1　城中村現象の出現　80
　　1.1　農民工の急増と城中村の出現　80
　　1.2　城中村の特質　82
2　二元体制と城中村　84
　　2.1　改革開放以来の急速な都市化　84
　　2.2　都市・農村分割の二元体制　84
　　2.3　城中村形成のメカニズム　86
3　城中村の住環境　89
　　3.1　賃貸住宅市場における城中村の役割　89
　　3.2　住環境悪化の要因　90

- 4　城中村の住環境整備事業の課題と展望　　*91*
  - 4.1　無形改造（制度上の改善）　*91*
  - 4.2　無形改造の評価　*92*
  - 4.3　有形改造（再開発）　*93*
  - 4.4　有形改造の評価　*96*

第2部　南アジア　*99*

第5章　──バングラデシュ　　ナンディニ・アワル　北原玲子
ダッカにおけるスラムの空間・社会・文化

- 1　メガシティの貧困　*101*
  - 1.1　都市化とスラム　*101*
  - 1.2　人口増加とスラム　*101*
  - 1.3　ダッカのスラム　*102*
  - 1.4　スラムの生活状況　*104*
  - 1.5　スラムの再開発　*104*
  - 1.6　バシャンテック・スラム　*106*
  - 1.7　カライル・スラム　*106*
- 2　スラムの空間と社会　*108*
  - 2.1　低コスト住宅の空間と生活　*108*
  - 2.2　オープンスペースの役割　*109*
  - 2.3　低コスト住宅の空間構成　*110*
- 3　スラムの空間と文化　*115*
  - 3.1　低コスト住宅の建材と配置　*115*
  - 3.2　生活と労働の空間　*116*
  - 3.3　相互扶助の仕組み　*117*
- 4　スラムの持続可能性　*117*
  - 4.1　小規模ビジネスの役割　*117*
  - 4.2　スラム改善の考え方　*118*
  - 4.3　低コスト住宅の改善　*121*
  - 4.4　これからのスラム再開発　*122*

第6章 ──インド
ムンバイ・ダラービーの社会生態空間
鳥海陽史　城所哲夫

1　社会生態空間の捉え方　*123*
2　インフォーマル市街地形成の制度的要因と改善策　*124*
　2.1　インフォーマル市街地形成の制度的要因　*124*
　2.2　インフォーマル市街地の改善政策の変遷　*127*
3　ダラービーの社会空間の特徴　*127*
　3.1　ダラービー地区の概況　*127*
　3.2　棲み分けと共生の論理　*128*
4　ダラービーにおける交流の場の生成と特徴　*129*
　4.1　住民間交流の場の類型　*129*
　4.2　交流の場の生成と共生の論理　*130*
5　ダラービーの社会生態空間の形成論理　*133*

第7章 ──パキスタン
「在る」ものを活かした住環境改善
森川真樹

1　インフォーマル市街地での住環境改善　*136*
2　学習する組織とアプリシエイティブ・インクワイアリー（AI）　*137*
　2.1　組織学習論　*138*
　2.2　学習する組織　*138*
　2.3　アプリシエイティブ・インクワイアリー（AI）　*140*
3　住環境改善におけるAI活用事例　*142*
　3.1　イスラマバードの住環境改善事業　*142*
　3.2　二つの住民組織での事例から　*146*
4　そこに「在る」ものを活かす　*155*

第3部　アフリカ
159

第8章 ──ザンビア
ルサカのインフォーマル市街地における空間マネジメント
梶原悠

1　インフォーマル化する都市・ルサカ　*162*
　1.1　都市・ルサカの起源　*162*
　1.2　ルサカの都市空間構造　*164*

2　インフォーマル市街地の改善施策　*166*
　2.1　「(法定および改良地区) 住宅法」の制定　*166*
　2.2　改良地区における開発規制　*167*
3　インフォーマル市街地における空間マネジメントの実態　*168*
　3.1　チャイサとチャザンガ　*168*
　3.2　居住空間の特質　*170*
　3.3　土地所有と権威の所在　*171*
　3.4　外部空間の利用　*174*
　3.5　開発行為の規制　*177*
4　持続的な空間マネジメントの構築に向けて　*178*

第9章 ── ケニア　　　　　　　　　　　　　　　　　　　　井本佐保里
ナイロビにおけるノンフォーマルスクールの空間生成プロセスと近隣との関係

1　ナイロビのスラムとノンフォーマルスクール　*180*
　1.1　ノンフォーマルスクールの位置づけ　*180*
　1.2　ナイロビ・ムクルスラムの概要と調査手法　*181*
2　ムクルスラムにおける学校の空間生成プロセス　*183*
　2.1　設立経緯と所有関係　*183*
　2.2　立地条件と建物配置　*184*
　2.3　教室のしつらえと工夫　*188*
　2.4　設備・サービスとその整備　*190*
3　ノンフォーマルスクールと近隣との関係　*191*
4　学校と近隣との新しい関係　*194*

結章　　　　　　　　　　　　　　　　　　　　　　　　志摩憲寿　柏﨑梢
「手づくりのまち」の論理

1　各章事例に読む「手づくりのまち」の到達点　*197*
　論点1　マス・ハウジング vs. セルフ・ヘルプ・ハウジング　*197*
　論点2　エンパワメント vs. 市場活力　*198*
　論点3　コモンズ vs. 私的土地所有権　*199*
2　「手づくりのまち」の論理　*199*

索引　　　　　　　　　　　　　　　　　　　　　　　　　　　　　　*201*
おわりに　　　　　　　　　　　　　　　　　　　　　　　　　　　　*204*

序章
アジア・アフリカのまちづくり：論点

城所哲夫

1　インフォーマル市街地と手づくりのまち

1.1　インフォーマル市街地とは？

　アジア・アフリカ諸国では、急速な経済の拡大と急激な都市化が進展し、それにともなう地域間格差、社会的格差の拡大が進行している。都市化について見ると、国連統計によればアジア諸国の都市人口は、2014年から2050年の間に、20.6億人から33.1億人に増加することが予測されているが、この増加数は、同時期に全世界で増加すると予測される都市人口24.6億人の約5割を占める。一方、アフリカについても、同時期に都市人口が4.6億人から13.4億人へと、実に3倍近く増加し、この時期の世界の都市人口増加の3割強を占めると予測されている。アジア・アフリカ諸国を合わせると世界の都市人口増加の8割強となり、21世紀前半は、アジア・アフリカ諸国における都市化の時代といっても過言ではない。

　アジア・アフリカ諸国において急速に進む都市化の顕著な特徴の一つとして、インフォーマル都市化現象ともいうべき事態の顕著な進行が指摘できる。本書では、都市計画の観点から、途上国・新興国都市のインフォーマル都市化地域をインフォーマル市街地と名づけ、分析の対象としている。インフォーマル市街地の実態は都市の状況によりさまざまであるが、国連統計では、先進国を含めた世界の都市人口の約3割がインフォーマル市街地に居住し、アジアの途上国・新興国の大都市では3〜5割、アフリカの大都市では5割以上の都市人口がインフォーマル市街地に居住していると推計されている。

インフォーマル市街地のもとでの都市化の進展（ナイロビ、ケニア）

　フォーマルな市街地を、近代的土地所有権と都市計画制度が導入された都市において「土地所有権の確定→都市マスタープランの確定→都市計画規制の確定→計画・建築許可→開発→居住」という一連のプロセスによって形成された市街地として捉えるとすると、インフォーマル市街地とは、このようなプロセスに則らずに開発された市街地ということになるが、実態としては、広義から狭義までさまざまなインフォーマル市街地が存在する。

　最も典型的には、きわめて不十分な居住環境のもとにあるスラムと呼ばれるような地域が該当するが、このような地域では多くの場合、公有地や私有地において土地権利を持たずに人々の居住が進行している。あるいは、たとえばアフリカ諸国で一般的に見られるように、近代的土地所有制度と並行して慣習的な土地権利が認められている国においては、都市近郊地域において急速な都市化の進行の中で、農村宅地地域が拡大する形で、本来は農村的土地利用を想定している慣習的権利のもとで市街化が進行するケースが多く見られる。このようなケースでは、近代的土地所有権を前提とする土地利用権の公共的制限であ

る都市計画規制システムの枠外で、計画許可等の都市計画的なチェックのないままに開発が進行することになる。あるいは、都市計画マスタープランが長期にわたって改定されずに時代遅れのものになっていたり、都市マスタープランが策定されたものの政治的理由から承認されずに宙に浮いていたりするケースもある。このような場合、たとえば、都市マスタープランにより指定された用途とは異なる開発が進行し、適切なインフラの整備なしで高密度市街地となってしまうようなケースも多く見られる。

さまざまな課題を抱えるインフォーマル市街地であるが、アジア、アフリカの多くの都市において、まさにインフォーマルであるがゆえに、都市の低所得層（アフリカの多くの都市では中所得層も）にとって経済的に手の届く唯一の選択肢として都市内の重要な居住の場を提供しているという事実に注目する必要がある。たとえば、インド最大の都市ムンバイでは、インフォーマル市街地に居住する人口は都市人口の約5割を占めており、フィリピンの首都マニラでも約4割を占める。目覚ましい経済発展を遂げたタイの首都バンコクにおいても、なお100万人以上の人々がインフォーマル市街地に居住している。また中国においても、多くの大都市において、約3割の人々は城中村と呼ばれる居住環境の不十分なインフォーマル市街地に居住していると報告されている。さらに、アフリカの諸都市では、都市人口の5割以上がインフォーマル市街地人口であるような都市がむしろ一般的である。このように、アジア・アフリカの都市では、急速な都市化への対応、中でもインフォーマル市街地におけるまちづくりのあり方が重要な政策的課題となっているのである。

1.2　手づくりのまちの可能性

インフォーマル市街地は、あるいは、国家の眼から見れば違法であるとして生活インフラ・サービスの提供の枠外におかれ、またあるいは、違法であるがゆえに安定した居住の場所としての投資がなされず、短期的な利益追求の場として投機的な低質で高密度の開発が進行してしまうケースも多く見られる。このように形成されたインフォーマル市街地は、未確定な土地権利、道路・水道・排水等の基本的な生活インフラの未整備、災害時の危険性が高い急斜面地や河川敷、沿岸部への立地、脆弱な建築構造などの多くの点で問題を抱えている地

域も多い。

　しかし一方で、インフォーマル市街地には、漸進的に、共有的な観念を保ちつつ形づくられてきたからこそ生まれてきた、さまざまな特質がある。それは、コミュニティとしてのつながり、ヒューマンスケールの親密な空間、ローカルな生活に根ざす自生的な空間の生成、固有の文化を反映した農村の空間的伝統、住まいと零細商店・工場などの働く場が一体となった暮らしの場の形成等、どの要素を欠いても全体としてのバランスが崩れてしまうような、絶対に失ってはならない精妙で魅力的な社会生態的空間である。本書では、このようなプロセスでつくられる都市を「手づくりのまち」と名づけ、大きく捉えれば、このような手づくりのまちのもとで進められる都市の成長プロセスこそが、国家による強制＝フォーマルな都市計画とは異なる、人々の創発的な試みが自己組織化的に全体性へと成長する、新たなプランニングのプロセスを提示するものであると捉えている。

　多くの国において、都市化の一層の進展と経済的発展を背景として、インフォーマル市街地は不良市街地なのでその形成を防ぎ、形成されてしまった場合にはスラム・クリアランス的な再開発をすすめることが都市当局の一般的な考え方となっている。しかし、多くの国において、都市はますますインフォーマル化する（インフォーマル市街地が拡大する）という現実を見ると、そもそも近代的都市計画という方法自体に問題があるのでは、という根本的疑問も生じる。逆にいえば、インフォーマル市街地における手づくりのまちの形成と漸進的改善の実践には、近代都市計画の限界を超える、新しい都市計画を見出していく契機があるのではないかとも考えられるのである。

2　アジア・アフリカにおけるまちづくりの潮流と論点

　インフォーマル市街地における居住政策とまちづくりはどのように展開され、どのような課題があるのであろうか。本節でその潮流と論点について概観しておこう（城所、2007、2013）。

2.1　貧困緩和政策と居住政策

　貧困緩和政策を、貧困層にその有する資源を発現させることを通じて生活の質の向上を促進することであると捉えると、その政策アプローチは、トップダウン・アプローチとボトムアップ・アプローチの二つに大きく分けられる（図0.1）。トップダウン・アプローチとは、経済成長を促進することを通じて、フォーマルセクターの雇用を拡大すると同時に、政府がトップダウン的に教育、医療システムを整備することで貧困層の人的資本の向上を図り、貧困層のフォーマルセクターの雇用市場へのアクセスを可能とし、1人当たりの所得の増加を実現しようとする政策アプローチである。一方、ボトムアップ・アプローチは、貧困層が主として従事するインフォーマルセクターにおける雇用の拡大や、コミュニティにおける参加型アプローチを通じたソーシャル・キャピタル（社会関係資本）の拡充など、貧困層への参加的支援を重視することで貧困緩和を進めることを目指す政策といえる。

　世界銀行や国連の政策について見ると、1960年代、70年代におけるトップダウン・アプローチの時代から、ボトムアップ・アプローチである貧困緩和重視（Pro-Poor）型開発が重視された時代を経て、現在では、経済成長を重視するが、一方でその果実が貧困層にも届くことにも十分な配慮を行うという折衷型アプローチである包括型成長（Inclusive Growth）政策の考え方が主流となっている。ただし、一口に包括型成長政策といっても、その力点の置き方は国によってさ

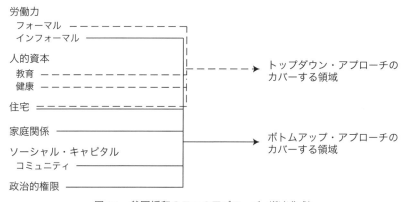

図0.1　貧困緩和の二つのアプローチ（筆者作成）

まざまである。

　住宅や住環境、コミュニティにおける社会関係資本は貧困層の有する資源として重要な位置を占めている。トップダウン・アプローチの時代である1960年代、70年代は、政府による直接的な住宅供給である公営住宅の供給が貧困層向け住宅政策の手段であった。続くボトムアップ・アプローチ、とりわけ貧困緩和重視型開発の時代においては、コミュニティ参加のもとでのスラムの住環境改善が主流のアプローチとなったが、近年では包括型成長政策の流れの中で、民間デベロッパーによるスラム地域の再開発の促進が一つの大きな流れとなりつつある。容積率緩和等のインセンティブ付与により、民間活力導入を促す一方、既住のスラム居住者への一定規模の住宅の提供を条件とすることで、貧困層の住宅改善も進めるという考え方である。次節で、このような居住政策の潮流の変遷とその論点についてさらに詳しく見ていきたい。

2.2　居住政策とまちづくり：潮流と論点

　図0.2は、各時期にとられてきた低所得層を対象とする居住政策を、政府による供給、コミュニティ主体の住環境改善、市場活力の活用、の三つの側面のどこに力点があるかという観点から整理し、その潮流の中から浮かび上がるまちづくりの論点を整理したものである。以下でその論点について概説する。

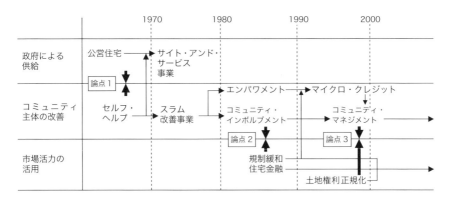

図0.2　低所得層に対するハウジング政策の系譜（筆者作成）

論点 1　マス・ハウジング vs. セルフ・ヘルプ・ハウジング

　これは、60年代末から70年代にかけて、当時のアドボカシー・プランニングなどの考え方を受けて提示された論点である。住宅・住環境は、政府が提供するものなのか、それとも、居住者が自らつくりあげるものなのかという問いである。この論点から見ればインフォーマル市街地は、まさにセルフ・ヘルプ・ハウジング（自助型住宅）の典型である。この論争は、政策的にも当時行き詰まりつつあった公営住宅アプローチからの脱却を大きく促し、コミュニティ主体の住環境の改善へと大きな政策的転換を促すこととなった。この議論を契機として、政府主体のトップダウン・アプローチから貧困緩和重視型開発政策へと、貧困層を対象とする住宅政策が大きく転換したといえる。具体的には、世界銀行が70年代から80年代にかけて推進したサイト・アンド・サービス事業（区画割りした土地と最低限の生活インフラを整備し、住宅は自助努力で建設する事業）とスラム改善事業（既存のスラム地区に最低限の生活インフラ施設を漸進的に整備する事業）が挙げられる。しかし、上述したように、現在では包括型成長政策のもとで、民間によるマス・ハウジング（大量供給型住宅）型の住宅供給が一つの流れとなっており、政府から民間へとアクターは変わったものの、マス・ハウジングかセルフ・ヘルプ・ハウジングかという問題は、近年、再び重要な論点として復活してきている。

論点 2　エンパワメント vs. 市場活力

　70年代後半以降大きな潮流となったコミュニティ主体の住環境改善の考え方を、個別のサクセス・ストーリーを超えてすべてのインフォーマル市街地の改善へと展開していくためには、コミュニティの能力の向上とコミュニティへの権限の委譲をいかに進めるか、すなわちエンパワメントが重要な課題となる。しかし、コミュニティの能力の向上には時間がかかるし、すべてのインフォーマル市街地のコミュニティが自ら主体となって住環境改善をするための能力を獲得することが果たして可能なのかも不透明である。その上、コミュニティへの権限委譲は政治的にも容易ではない。

　このような政策的ジレンマの中で1980年代に登場したのが、先進国におけるサッチャリズムやレーガノミクスの影響のもとで成立した世界銀行を中心とするワシントン・コンセンサスのもとでの規制緩和を軸とする市場活力の活用

策である。都市貧困層を対象とする居住政策において、政府、コミュニティに加えて、第三の軸としての市場がはじめて登場したといえる。多くの途上国都市の土地・住宅市場は、田園郊外住宅地を想定した低密度かつ排他的な用途純化型ゾーニング、先進国とりわけアメリカをモデルとした高水準の開発許可基準（広い最低敷地面積や広幅員の前面道路規制等）、煩雑で不透明な許認可プロセス等のために住宅価格が押し上げられ、中低所得層には手の届きにくい構造となっている。したがって、これらの規制の緩和と許認可プロセスの透明化、ワンストップ・サービス化により、土地・住宅コストのうち2〜3割程度を占めると推定されている取引コストを低減するとともに、低所得層にも利用可能な住宅金融を整備することで、低所得層にもアクセス可能な土地・住宅市場を創出しようという考え方である。

エンパワメントの考え方と市場活力の活用という考え方は、政府の役割を縮小し、プロバイダー（直接供給者）としての役割からイネーブラー（制度改善・政策金融等を通じた供給支援者）としての役割へと転換するという方向性において同一である。しかし、住宅と住環境を、物的な環境を主として考えるか（市場活力活用の立場）、それとも社会的な関係性を主として考えるか（エンパワメントの立場）という、普遍的で根源的な問いがこの論点の背後にはあり、容易に妥協できない論点であるともいえる。

論点3　コモンズ vs. 私的土地所有権

従来から重要性は指摘されてきたが、とりわけ2000年代に入り、世界銀行により政策的力点がおかれるようになったのが土地権利正規化政策である。その転機となったのが、デ・ソト（De Soto, 2000）による、貧困層の安定的な土地所有権へのアクセスの不備が土地を担保とした信用制度へのアクセスの困難さをもたらすという点で、途上国の貧困問題の根底にあるという議論である。

しかし、後述するコミュニティ・ガバナンスの成長という観点から見ると、土地所有権の単純な私的保有論には問題もある。コミュニティの結束力の背景にはコモンズとしての共有的土地利用観念があり、とりわけ土地権利を持たずに人々が居住するようなインフォーマル市街地においては、土地所有権を持たないからこそ、共有的な観念のもとで土地の共同的利用が図られ、そのことでコミュニティの結束が醸成されるという側面は軽視できないからである。

このような考え方のもとで生まれてきたのがマイクロ・クレジット（無担保小規模金融）を活用したスラム地域の改善事業である。フィリピンのコミュニティ抵当事業やタイのバーン・マンコン事業では、政府の提供する基金をもとにして、コミュニティが共同組合をつくり、その共同組合を通じて住宅建設のためのマイクロ・クレジットを提供することで自主的なまちづくり（コミュニティ・マネジメント）を進めることに成功している。

　この点で留意すべきこととして、近代的土地所有権制度を生んだ西欧社会においては、土地所有権そのものにコミュニティの共有的観念が色濃く反映されているという点が指摘できる。西欧社会においては、都市計画は自治体（コミュニティ）の基本的権限であり、土地所有権を構成する諸権限のうち、利用権には自治体による積極的介入がなされるからである。さらには、北欧都市などのように、都市内の土地の多くが公有である場合もある。しかし、近代的土地所有権制度と都市計画制度が切り離されて別個に制度の移転が図られたアジア諸国の場合、日本も含めて多くの国において、このような関係性が切り離されてしまったともいえる。この意味では、「コモンズ vs. 私的土地所有権」の議論は、コミュニティがいかにコモンズを回復するかという、まちづくりに関わる議論の根本ともいえる論点を提示しているともいえよう。

3　成長するコミュニティ・ガバナンス

　インフォーマル市街地の多くは、基本的な生活インフラの不備という住環境上の問題、気候変動のもとでますます深刻化する自然災害に対して脆弱な河川や海岸沿いあるいは急斜面地に形成されているという立地上の問題、人々の暮らしそのものの不安定さ、子どもの育ちや教育、医療、福祉等の点で条件的に不利な状況のもとにある場合も多いこと等々、社会的・経済的・環境的に脆弱な条件のもとにおかれている。

　手づくりのまちとして育まれ、培われてきたコミュニティの資源を活かすことで、漸進的な住環境・社会環境の改善、すなわちまちづくりをいかに進めていくかが、今、まさに問われているのである。具体的な動向については、本書の各章で詳しく論じられているが、本節では、それらのまちづくりの動向に通

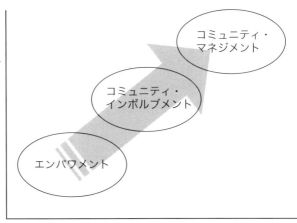

図 0.3　成長するコミュニティ・ガバナンス（筆者作成）

底するコミュニティに根ざしたインフォーマル市街地における漸進的まちづくりのあり方について概観しておこう。

　図 0.3 にまちづくりの 3 類型を示した。「エンパワメント」とは、住民組織の形成が不十分であったり、政府もまた住環境や社会環境の改善に対して積極的でないような地域において、住民の組織化と住環境改善事業の実施を通じて、住民による自立的な地域管理能力の獲得、さらには政治的・社会的な力量の拡大を図っていくようなまちづくりの類型である。次の段階としての「コミュニティ・インボルブメント」では、住民組織が形成されている地域において、政府機関や自治体が当該住民組織に依拠しつつ参加型の住環境改善事業を実施することになる。すなわち、住環境自体の改善とともに住民組織主導による持続的なまちづくりを可能とする住民組織のキャパシティ（能力）強化を同時に図っていくことを目指すまちづくりのタイプである。これらに対して、「コミュニティ・マネジメント」とは、住民主体という意味でさらに一歩進んだ形態であり、政府機関や自治体が NGO 等とも連携し、事業実施に関する権限、資金等の面において住民組織にまちづくり事業の分権化を図り、住民主導のもとでの持続的・自立的な地域管理を行っていくことを目指すようなまちづくりの類型である。

本書の各章において論じられているように、アジア・アフリカにおけるまちづくりの実践においては、住民自身の自発的なまちづくり活動により、あるいは政府や自治体による住環境改善事業のもとで、上記の三つの類型がその時々の局面においてさまざまに組み合わされて進められているが、成功するまちづくりにおいて共通するのは、エンパワメントからコミュニティ・インボルブメント、さらにはコミュニティ・マネジメントへと進展していく点である。そして、この進展にともなって、図0.3に示すようにコミュニティのキャパシティ・ビルディング（能力開発）と都市レベルのローカル・ガバナンスのレベルがともに成長していく。逆にいえば、このような成長のプロセスをデザインすることができるかどうかが、インフォーマル市街地の住環境、社会的環境の漸進的改善を進めていくための鍵となっている。このようなまちづくりの実践からこそ、近代都市計画の限界を超える新たな都市計画が立ち現れることが期待される。

参考文献
・城所哲夫（2007）「スラム地域改善と日本の密集市街地問題のつながりについて考える〜世界各国における居住環境改善事業のあり方とその変遷〜」『住宅』vol. 56, pp. 3-8
・城所哲夫（2013）「アジア経済・政策、都市の変容とハウジング」『建築雑誌』No. 1648, pp. 8-10
・De Soto, Hernando (2000), *The Mystery of Capital: Why capitalism triumphs in the West and fails everywhere else*, Basic Books

第1部
東アジア・東南アジア

第4章｜中国
● 西安

第2章｜タイ
● バンコク

第3章｜フィリピン
● セブ

第1章｜インドネシア
● ジャカルタ

第1章 ——インドネシア
「手づくり」の居住環境改善事業とその展開

志摩憲寿

　近年、アジア・アフリカ諸国において「手づくりのまち」をとりまく状況は追い風にある。「オン・サイト型」のインフォーマル市街地の居住環境改善の取り組みは、アジア・アフリカ諸国で経験を重ねる一方、国内では、民主化・地方分権化等にともなう制度的枠組みの改変により参加が重視され、さらに、海外援助においても参加やガバナンスが強調される中で、アドホックなプロジェクトから大きく展開する可能性を見せつつある。

　その点でインドネシアの動向は興味深い。「カンポン」と呼ばれるインフォーマル市街地においては、1960年代後半に「カンポン改善プログラム（Kampung Improvement Program: KIP）」という「オン・サイト型」の居住環境改善策が進められた。それは代表的な成功例として世界的にも高く評価され、たとえば、「第3回世界都市フォーラム（World Urban Forum III）」（国連ハビタット主催、2006年）では「世界で最初の最も革新的なスラム改善事例」と紹介されることとなった。一方、インドネシア国内では、スハルト政権の崩壊（1998年）と続く民主化・地方分権化の動きにともない、「開発計画会議」をはじめとして開発行政における参加が制度化・政策化され、今やインドネシアの開発行政においては「ソシアルザシ（socialsasi＝社会化）」という言葉をごく自然に耳にするようになった。このような経緯の中、カンポン改善プログラムに始まる「手づくりのまち」の経験はどのように受け継がれ、今後どのように展開しうるであろうか？本稿では、カンポン改善プログラムの到達点を確認した上で、その後のインフォーマル市街地に対する諸施策の展開を整理し、インドネシアにおける「手づくりのまち」の行く末を考えることとしたい。

1　カンポン改善プログラムの到達点

インドネシアにおいて、「カンポン」と呼ばれる計画的な市街地整備の行われていない自然発生的な市街地は、居住環境が望ましくないことが多い（写真1）。こうしたカンポンの居住環境問題は、今に始まったことではなく、インドネシア共和国の独立以前、オランダ植民地時代から指摘されており、実際「カンポン・フェアベタリング（kampung verbetering、verbetering とはオランダ語で「改善」の意）」としてカンポンの居住環境改善策が講じられてはいたものの、それはオランダ人居住区に疫病や火災の発生等が危惧される場合に限ったものにすぎなかった（布野、1991）。

一方、このころからすでにカンポン住民による自発的な居住環境改善の努力は見られており、それは独立以降に政策化されることとなった。まず、スラバヤで「W. R. スプラトマン・プログラム」（1968年）、続いてジャカルタで「M. H. タムリン・プロジェクト」（1969年）として政策的に実施されると、その後、スハルト大統領による「開発」の枢要を残す「第2次5カ年開発計画（REPELITA II、1974年～）」において、居住政策の柱に「カンポン改善プログラム」が位置づけられることとなった。国家的政策となった同プログラムは、さらに、世界

写真1　劣悪な居住環境のカンポン

銀行等の融資も受けつつ、ジャカルタやスラバヤといった大都市に始まりインドネシア全国の主要都市において1989年まで実施された。ジャカルタでは1980年代半ばまでに面積の16.9%にあたる約1万ha、人口にして381万人を対象としてカンポン改善プログラムが実施され、現在、ほぼすべてのカンポンで実施済みであるという（東京大学cSUR-SSD研究会、2007）。

このカンポン改善プログラムは、なぜ高く評価されるのだろうか。その評価と到達点を振り返りたい。

1.1　カンポン改善プログラムへの評価

カンポン改善プログラムの主たる目的は、コミュニティ内の道路や歩道、排水路、ごみ処理システム・収集車、共同水場（「MCK」と呼ばれる水浴場・洗濯場・トイレの集合施設）、保健衛生指導普及施設、教育施設等をはじめとする物的インフラを整備することにある（写真2）。

こうしたインフラ整備自体はごく一般的なものであるといえるかもしれないが、カンポン改善プログラムが高く評価されるのはその実施手法にある。プログラムは、実施主体（住民の自発的なもの、自治体、援助機関等）によって若干の違いがあるものの、予備調査とカンポンの選定→基本計画・実施計

写真2　カンポン改善プログラム実施地区（ジャカルタ）

表 1.1　カンポン改善プログラムの実施過程（ジャカルタの例）

1	カンポン選定と周知	データにもとづきプログラムの実施が必要と認められるカンポンにおいて、ジャカルタ首都特別州政府（住宅局）が住民代表（「チャマット（camat）」と呼ばれる、日本でいう「町丁目」の「町」の代表に近い）らを交えた検討会合を開催する
2	詳細調査	住宅局とコミュニティによる詳細調査が行われ、技術的な課題が検討される
3	計画策定	住宅局によって実施計画と予算案が決定され、当該カンポンにおけるプログラムの実施が次年度の政府予算に計上される
4	施工	住宅局に登録された業者によってコミュニティ道路や歩道、排水路等のインフラが整備される
5	維持管理	住宅局の指導のもと、整備されたインフラの維持管理は住民によって行われる

東京大学 cSUR-SSD 研究会（2007）に一部加筆

画の策定→施工→維持管理、という過程を経て実施されることとなるが、このいずれの過程においてもコミュニティリーダーや住民の参加が位置づけられているのである。たとえば、ジャカルタの例を見ると（表1.1）、カンポン選定と周知の段階では住民代表らが行政との検討会合に出席し、詳細調査や計画策定ではコミュニティの住民らによって技術的な課題が検討されたり、実施計画や予算案が決定される。また、施工業者は住宅局に登録された業者とされているが、実際にはコミュニティの住民らが行うこともあるし、維持管理も住民によって行われるとされている（東京大学 cSUR-SSD 研究会、2007）。

　このような実施過程にどのような意義があるのか、改めて振り返りたい。まず第一の意義は、住民参加による実施が、住民がそこに住まうことを保障する（＝居住権が安定する）ことにつながりえたということであろう。住民参加そのものの意義は多く指摘されているが、カンポン改善プログラムの場合、この住民参加が「RW（Rukun Warga、日本でいう町内会に近い）」や「RT（Rukun Tetangga、隣組）」といったカンポン内の既存の住民組織を活用したもので、さらに、住民参加という手法自体が、和「ルクン（rukun）」や相互扶助「ゴトン・ロヨン（gotong royong）」といった、カンポンに根づく伝統的慣習に適合しているという点も強調されている（たとえば、東京大学 cSUR-SSD 研究会（2007）など）。さらに、カンポン改善プログラムそれ自体には個々の住宅の改修が含まれなかったにもかかわらず、実際には住宅の改善も見られたという点も意義深い。たとえば、ジャカルタで1980年代に行われた調査によると、住宅改善を行った世帯の比率、住宅改善費の平均、部屋数の増加、パーマネントな構造の

比率等の指標において、プログラム実施地区はそうでない地区に比べて高くなり、かつ、実施地区においてそのような住宅の改善は、36.6％が住民自身、53.9％が施工業者、残りの8.5％はゴトン・ロヨンによるものであったという。カンポン改善プログラムは、その後の住宅改修にもつながっており、その背景には、(土地基本法にもとづく近代土地所有権を取得していなくとも) 住民にとってみると居住権が安定し、定住意識が高まったことが一因として挙げられている (布野、1991)。

1.2　カンポン改善プログラムの到達点

今となっては、インフォーマル市街地において住民参加による「オン・サイト型」の居住環境改善を進めること自体は珍しいものではないかもしれない。しかしながら、カンポン改善プログラムが実施され始めたころ、開発途上国各国が住宅専門機関を設立して公共住宅を供給したり、世界銀行も多く援助したサイト・アンド・サービス事業を活発化させ、かつ、多くの場合に行き詰まりを見せていた状況にあって (志摩、2015)、このような「オン・サイト型」の居住環境改善を進めていたことは画期的であったし、コミュニティ内の既存組織の活用や伝統的慣習への適合、住宅の自主的改修など、今日進められている同種のプロジェクトから見ても、多くを達成していよう。

むろん、カンポン改善プログラムを美談だけで語ることはできない。たとえば、住民に維持管理を放任する傾向があること、小規模な改善のため都市全体のインフラ整備との連携に至らないこと、住宅の供給は行わなかったこと等はカンポン改善プログラムの課題として指摘されている (なお、プログラムの課題は、布野 (1991) や宮本ら (1999)、World Bank (1995) 等によく整理されている)。また、プログラムには実のところ、財政基盤や社会保障の脆弱な中で、住民組織を利用する以外に福祉の向上や社会安定の道がなかったという状況もあった。実際、カンポン改善プログラムにおいて、インフラを整備するために避けられない取り壊しに対する補償はなされなかったし、住民自らが労働し、時には資材も提供したことなどから、住民1人あたりのコストは13米ドルで抑えることができたことは、実施機関にとっては魅力的であった (宮本ら、1999)。また、スハルトの「開発」の体制下にあって、「ゴトン・ロヨン」等の伝統的慣

写真3　カンポン内の住宅改修。カンポン改善プログラムの経験者らが仕切る

習も植えつけられたものであり、住民参加も「動員」であるとする見方もあるなど、参加も美談だけではない部分もある（吉原、2012）。

しかしながら、カンポンを訪れると、コミュニティの住民が「コミュニティにおける共同生活」の枠組みを発展させている様がしばしば伺える。筆者がよく訪れるジャカルタのカンポンにおいても、カンポン改善プログラムを経験した住民は、カンポン内のインフラ整備や住宅建設・改修における技術的助言、資材や人員の調達などのさまざまな建設工事において、今もなお自主的にリーダー役を買っている（写真3）。プログラムの経験はカンポンに確実に蓄積されているのである。

2　インドネシアにおけるインフォーマル市街地の居住環境改善策の系譜と現在

1960年代より政策化されたカンポン改善プログラムに続き、その後もインドネシアではさまざまなインフォーマル市街地の居住環境改善策が打ち出され、現在、「2019年までにスラムなき都市を（Kota tanpa Kumuh 2019）」を目標として、力が注がれている（図1.1）。カンポン改善プログラムのその後の展開を追うこととしたい。

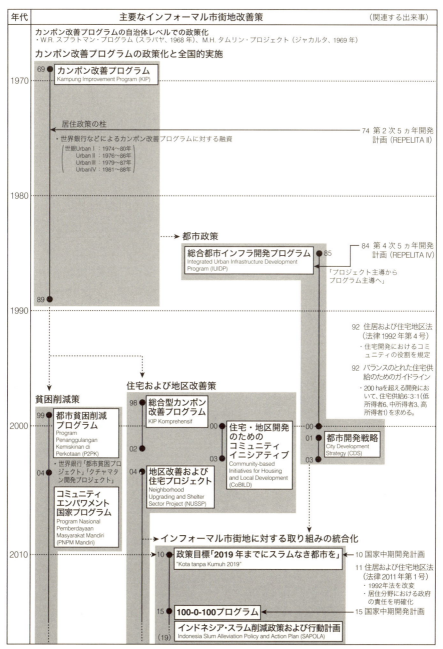

図 1.1　インドネシアにおけるインフォーマル市街地改善策の系譜
（BAPPENAS, 2015; Brotodewo, 2010; Republic of Indonesia, 2014 等より作成）

2.1 カンポン改善プログラムとインフォーマル市街地の居住環境改善策の系譜

　カンポン改善プログラムは 1989 年までインフォーマル市街地における主要な居住環境改善策として全国で実施されたが、1990 年代に入ると、その内容は拡充され、コミュニティの物的インフラに加え、社会的な側面にも着目した「グループ型住宅建設プログラム（Program Pembangunan Perumahan Berbasis Pada Kelompok: P2BPK）」や「総合型カンポン改善プログラム（KIP Komprehensif）」等が実施された（Brotodewo, 2010）。たとえば、スラバヤで実施された総合型カンポン改善プログラムは、物的インフラの改善に加え、コミュニティ開発、住宅改善や土地管理等、より包括的な内容であったが、その手法において住民参加を基本とする点はカンポン改善プログラムから継承されていた。

　一方、1980 年代後半に始まる「総合都市インフラ開発プログラム（Integrated Urban Infrastructure Development Program: IUIDP）」は、カンポン改善プログラムの手法を都市全体にスケールアップすることを狙う点で興味深い。総合都市インフラ開発プログラムは、カンポン改善プログラムをコンポネントの一つとしつつも、カンポン改善プログラムで課題とされたインフラ整備の都市全体への統合を図ろうとするが、その手法においては、カンポン改善プログラムで成功したカンポン内のインフラ調整の手法を都市全体で援用するというものであった。同プログラムは、「プロジェクト主導」から「プログラム主導」の都市開発へと脱皮を図ろうとする、第 4 次 5 カ年開発計画（REPELITA IV）のもとで、世界銀行やアジア開発銀行、国連ハビタット等の支援を受けつつ、1986 年にはジョグジャカルタ特別州においてパイロットプロジェクトが実施され、ジャカルタ、バンドン、メダンといった主要都市、さらに地方中小都市においても実施された。さらに、インドやネパールでも導入されるなど、国内外でその手法が取り入れられた（Suselo ら、1995; Mattingly ら、2002）。

　しかしながら、このころ、「住居および住宅地区法」（法律 1992 年第 4 号）によって住宅開発におけるコミュニティの役割が規定されたり、「住宅開発 1:3:6 制度」として、民間住宅開発の 6 割を低所得者向けとすることが定められる等カンポンに対して追い風となりうる動きも見られたが、政府の規制緩和路線のもと民間業者による住宅供給が活発に行われたことから、コミュニティの役割はあまり重視されなかった（宮本ら、1999; BAPPENAS, 2015）。

その後、アジア通貨危機やスハルト政権の崩壊（1998年）、さらに、ミレニアム開発目標や、都市同盟（Cities Alliance）らによる「スラムなき都市（Cities without Slums）」キャンペーンの影響もあり、国内外で貧困削減が強調されるようになると、インフォーマル市街地においてもより貧困に焦点を絞った策が打ち出されるようになった。1999年より実施された「都市貧困削減プログラム（Program Penanggulangan Kemiskinan di Perkotaan: P2PK）」は、コミュニティにおける物的・自然的・社会的・経済的資本といった資本を活用しつつ、コミュニティの強化と貧困削減を図るものであり、世界銀行は「都市貧困プロジェクト（Urban Poverty Project: UPP）」としてこれを支援した。この他にも、国連ハビタット等が支援した「住宅・地区開発のためのコミュニティイニシアティブ（Community-based Initiatives for Housing and Local Development: CoBILD）」（2000～2003年）のように、都市貧困世帯に対する低利の住宅ローンを提供するという新たな試みも見られた（Brotodewo, 2010）。

2.2　現在：「2019年までにスラムなき都市を」

しかし今なおインドネシアにおいて（全国的な明確な定義は示されていないが）「スラム」とされる地区は、全国で3万7400 ha（2014年、公共事業省人間居住総局）とされ、そこには390万世帯（インドネシア全世帯の12.1％）が住まう。ほぼすべてのカンポンでカンポン改善プログラムが実施済みとされるジャカルタ（ジャカルタ首都特別州）においても、68万世帯（ジャカルタ全世帯の26.0％）がスラム居住者であると推計されている（BAPPENAS, 2015）。インフォーマル市街地の居住環境改善は依然として深刻な課題である。

このような状況のもと、近年のインドネシアはインフォーマル市街地の居住環境改善にますます力を注いでいる。まず、2011年には「住居および住宅地区法」を改変し、すべてのインドネシア人に適切かつアフォーダブルな住居および市街地に住まうことを保障した上で、中央政府と地方政府の役割、住宅の最低基準等を定め、居住分野において政府が責任を果たすことを明確にした。そして、国家長期開発計画（2010年）やジョコ政権下での国家中期開発計画（2015年）などでは、「2019年までにスラムなき都市を」が目標として示された。その実現に向けて、公共事業省人間居住総局（Direktorat Jenderal Cipta Karya）等

図 1.2 「100-0-100 プログラム」（上）と「0％の都市スラム地区」に向けた取り組み（下）
(Buletin Cipta Karya（Desember 2014 号）、p. 6 および p. 8 より作成)

は「100-0-100 プログラム」を進め（図 1.2）、2019 年までに、100％の人々の水道へのアクセス、0％の都市スラム地区、100％の人々の衛生施設へのアクセス、そして、100％の自治体における建造物建築条例の整備を達成するとしている。また、国家開発計画庁は、世界銀行や国連ハビタット、都市同盟などの支援を受けつつ、「インドネシア・スラム削減政策および行動計画（Indonesia Slum Alleviation Policy and Action Plan: SAPOLA）」をまとめ、「100-0-100 プログラム」のうち「0％の都市スラム地区」の達成を目指すため、①都市貧困層向けに土地を確保すること、②スラム改善に対する政府のコミットメントを拡大すること、③都市における関連諸制度を整備し、包括的なスラム改善プログラムを立案・実施すること、④スラム改善プログラムのための基金を設置すること、⑤セルフ・ヘルプ型でコミュニティ・ベースの住宅供給をはじめとする、アフォーダブルな住宅供給を可能とする枠組みを整備すること、という 5 点を主要な戦略として掲げた。この⑤に典型的に見られるように、カンポン改善事業から続くオン・サイト型の居住環境改善は、今日もなお、その意義が強調されている（BAPPENAS, 2015）。

　一方、コミュニティレベルでは、都市貧困プロジェクトやクチャマタン開発プロジェクトに続き、世界銀行等の支援を受けつつ、「コミュニティエンパワメント国家プログラム（Program Nasional Pemberdayaan Masyarakat Mandiri: PNPM Mandiri）」が全国で実施されている。都市部で実施されるプログラム（PNPM Urban）は、住民参加型の居住環境改善と貧困削減を統合したプログラムとして、2008 〜 13 年までに全国 268 の市・県において実施され、その受益者は 2670 万人を数える（並行して実施された都市貧困削減プロジェクトの実績も含む）（PSF, 2015）（写真 4）。また、アジア開発銀行等の支援のもとで行われている「地区改善および住宅プロジェクト（Neighborhood Upgrading and Shelter Sector Project: NUSSP）」もまた都市貧困削減プログラムやコミュニティエンパワメント国家プログラムの流れを汲んでおり（Brotodewo, 2010）、カンポン改善プログラムに始まるコミュニティ・ベースの手法は着実に息づいている。

　さらに、総合都市インフラ開発プログラムのような都市全体での動きには、都市同盟や国連ハビタットによって世界的に実施されている「都市開発戦略（City Development Strategy: CDS）」が、インドネシアでは貧困削減を中心的課

写真4　PNPM Urbanによって整備された共同水場（ジャカルタ）

題に据えた住民参加型の都市開発戦略づくりとして9都市で進められ、そのうち5都市（Bandar Lampung, Blitar, Bau-bau, Bogor, Palu）ではその実施が約束されたという（都市同盟ウェブサイト）。

3　「手づくりのまち」の展開可能性：インドネシアの経験から

インドネシアでは、世界の先駆けとなる住民参加によるオン・サイト型の居住環境改善手法としてカンポン改善プログラムが導入されて以来、その経験は、「コミュニティエンパワメント国家プログラム（PNPM Mandiri）」「地区改善および住宅プロジェクト（NUSSP）」に至るまで、その内容を拡充しつつさまざまな住民参加型のコミュニティ開発へとつながっている。また、「総合都市インフラ開発プログラム（IUIDP）」や「都市開発戦略（CDS）」のように、カンポンで培われた手法は都市スケールへと空間的にも展開しつつある。近年では、「2019年までにスラムなき都市を」という目標のもと、「100-0-100プログラム」や「インドネシア・スラム削減政策および行動計画（SAPOLA）」をはじめとして、インフォーマル市街地の居住環境改善に向けて、国全体としてその取り組みを加速させようとしている。

一方、「手づくりのまち」の原点に返りカンポンに足を運ぶと、カンポン改善

プログラムの経験を活かしつつ住民たちはさまざまな居住環境改善に取り組んでいることもまた事実である。政策レベルでアクセルを踏んだインドネシアにおいて、コミュニティレベルで着実に動き続けてきたエンジンとどう噛み合うか、「手づくりのまち」の展開に向けて大きく加速することを期待したい。

参考文献
- 志摩憲寿（2015）「スラムの居住環境改善：アジア・アフリカ急成長都市で続く挑戦」『地域開発』Vol. 607, pp. 21-24
- 東京大学 cSUR-SSD 研究会編著（2007）『世界の SSD100：都市持続再生のツボ』彰国社
- 布野修司（1991）『カンポンの世界：ジャワの庶民住居誌』PARCO 出版
- 宮本謙介、小長谷一之編（1999）『アジアの大都市［2］ジャカルタ』日本評論社
- 吉原直樹編著（2005）『アジア・メガシティと地域コミュニティの動態：ジャカルタの RT/RW を中心にして』御茶ノ水書房
- Badan Perencanaan Pembangunan Nasional (BAPPENAS) (2015), *Indonesia: National Slum Alleviation Policy and Action Plan (SAPOLA): Final Report*
- Brotodewo, N. (2010), 'Melalui Aset-Aset Produktif Komunitas', *Buletin Cipta Karya*, Desember 2010, pp. 17-19
- Direktorat Jenderal Perumahan dan Permukiman (Cipta Karya) (2003), *Program Co-BILD Community-based Initiatives for Housing and Local Development*
- Mattingly, M. & Winarso, H. (2002), 'Spatial Planning in the Programming of Urban Investments: The Experience of Indonesia's Integrated Urban Infrastructure Development Programme', *International Development Planning Review*, 24 (2), pp. 109-125
- PNPM Support Facility (PSF) (2015), *2014 PSF Progress Report*
- Republic of Indonesia (prepared by the Habitat National Report Working Group) (2014), *Indonesia National Report for HABITAT III Preparation*
- Suselo, H., Taylor, J. L., Wegelin, E. A. (ed) (1995), *Indonesia's Urban Infrastructure Development Experience: Critical Lessons of Good Practice*, UN-HABITAT
- World Bank (1995), *Indonesia - Impact Evaluation Report: Enhancing the Quality of Life in Urban Indonesia: The Legacy of Kampung Improvement Program*
- 都市同盟（Cities Alliance）ウェブサイト 〈http://www.citiesalliance.org/〉

第2章 ——タイ
都市コミュニティをめぐる組織化と地域化

柏﨑梢

1 バンコク・メガシティの誕生とスラムの生成

1.1 城壁からの都市化

　タイは世界大戦下で唯一植民地化されなかった東南アジアの国である。同時に、カンボジア、ミャンマー、ラオス、マレーシアといった周辺諸国との紛争を繰り返しながら、民族、宗教、文化といった国の根幹につながる価値観を維持し続けてきた。タイ人はこの歴史を、独自の民族と文化を築き守り抜いた国家形成の歴史として崇め、国のアイデンティティとして今日の基盤を築いてきたといえる。しかし20世紀後半においてグローバル経済が加速度的に進む中、周辺諸国が植民地時代を通して比較的早い段階から都市計画法制度を整備してきたのに対し、タイの首都バンコクは、先進的な法制度基盤を持たぬまま成長に直面することとなった。1782年に現在のバンコクに首都が移された時点では、城壁で囲まれたラタナコーシン島がバンコク市街地とされ、外側には木造の浮き家や高床式住居の庶民の家が並ぶ景観が形成されていた（谷川、2001）。1855年の開港以降、経済が活性化するとともに、宮廷が城壁外にも建設されるようになり、城壁から波及するかたちで一気に都市化が進んだ（重富、2009）。さらに1985年のプラザ合意を皮切りにグローバル経済が進み、ますます一極集中が続いた。こうしたバンコクの都市化は、交通渋滞を筆頭とした大気汚染や水質汚濁などの都市環境問題を引き起こすと同時に、深刻な格差問題をもたらした。地域間で見れば、1989年の時点で、バンコクと貧困地域である東北部との経済格差は10倍にも膨れ上がり、階層別所得分布では、上位20％の裕福層

が 52% をシェアする一方、下位 20% の貧困層のシェアはたったの 3% と、その所得格差は 17 倍にも達した（バンコク日本人商工会議所、1993）。こうした所得格差は、当然のことながら、バンコクへの大量の人口流入を招いた。バンコクの人口は 1960 年の 204 万人から 1990 年には 588 万人へと、30 年足らずの間に 3 倍となった。2013 年の統計では人口 830 万人弱を記録し、全国の約 1 割強、都市人口全体の約 6 割を占めている。

1.2　膨らむスラム人口

1960 年代から 80 年代にかけてのバンコクへの流入人口の多くは、地方の農村からの移住者であった。当時地方の教育基盤も未整備であり生活水準も低いことから、ほとんどの者が日雇い労働や露天商、ごみ収集などのインフォーマルセクターに従事した。こうした住民登録や正規の仕事を持たない住民は、当時バンコク全域に点在していた湿地帯などの空き地や川沿いにスラムを形成していった。ポーンチョクチャイ（Pornchokchai, 1985）およびバンコク都（Bangkok Metropolitan Administration: BMA）の報告（2004）では、1960 年にはバンコク全人口の 16.5% がスラム住民であり、1970 年には 19.1%、1980 年には

図 2.1　バンコク都の行政区におけるスラムの立地
（国家住宅公社提供 GIS データ（2009 年 9 月）をもとに筆者作成）

19.2％、1990 年では 17.4％、2000 年では 22.6％、と全体的に増加し続けていることが明らかとなっている。コミュニティ組織開発機構（Community Organization Development Institute: CODI）の調査では、バンコク首都圏のスラムのうち、立ち退きや衛生面等の深刻な問題に直面しているスラムの割合は 64％にのぼり、全国の中で最も高い。

1.3　スラム政策とコミュニティの萌芽

　1958 年に首都開発計画、1960 年には大バンコク計画と都市開発計画が打ち出される中、スラムに対する行政対応は当時、テーサバーン（市・町）法にもとづくバンコク市の衛生課によるスラム衛生環境改善活動のみであり、小規模な衛生教育や薬の配給など非常に限られたものであった。スラムでは、自然発生的に生まれた住民リーダー（松薗、1999）を中心として住民がまとまる動きが見られたが、当時の主な目的は立ち退き圧力に対抗するものであった。人口規模や人口密度の増加と拡大および治安問題などを増加させていったスラムが、都市問題の一つとして政策上に位置づけられたのは 1972 年の第 3 次国家経済社会計画からである。この計画は 10 年間でバンコクのスラム問題を解消することを目的とし、1973 年に国家住宅公社（National Housing Authority: NHA）が設立され、低所得者向け集合住宅への移転政策が進められた（新津、1998）。しかし郊外への移転策は、約 7 割の住民が不定着（マリー、2005）という展開を招き、かつ財政的な負担から速度を落とすこととなった。このころから、住環境を改善するための住民の組織化の重要性が強調されるようになってきた。スラムの中では、立ち退きや移転対応として生まれていた住民リーダーのもとで、出家を祝うための頼母子講や、仕事を紹介するための職業グループなど、ゆるやかな形でグループが形成されつつあったが、増加・過密化し続けるスラム居住地においては、「コミュニティ」としてのまとまりは非常に曖昧なものであったといえる。

1.4　タイ的なる「コミュニティ」主義の影響

　1980 年代初頭になると、都市を中心とした経済優先型の開発が進む中で、地方における村落やその住民集団による伝統的文化を尊重する考え方が、「コミ

ュニティ主義」として一部の社会活動家や村落開発NGOワーカーによって強調されるようになった（重富、2009）。1980年代後半に入ると、「コミュニティ主義」はさらに「民衆の知恵」として具体的に推奨されるようになる。タイ地方の集落における持続的な農業運営や共同体の結束を評価するものであり、コミュニティの成果として具体性を持って参照され、タイ独自の文化論として全国的に注目を浴びるようになっていった。1990年代に入り地域資源をめぐり政府やデベロッパーと地域住民との衝突が多発するようになると、さらにコミュニティは開発主体と交渉するアクターとしての「権利」を訴えるようになった。

　この動きにはタイ王国の柱の一つである国王による影響も強いと思われる。経済開発だけでなく、国王の提唱した「足るを知る経済」概念にもとづく自給自足の推奨は、地方の集落だけでなく都市のスラムにも浸透していった。バンコクのスラムのどれだけ貧しくバラック小屋のような家であっても、室内には国王の写真がほとんどといってよいほど飾ってあることからも、国王の強い影響力を通じてコミュニティという概念は広く普及していったといえる。

　こうして開発の流れにありながら生活を守るためのコミュニティは、タイ的なるアイデンティティの一つとして受け入れられ、1997年憲法以降は新たな開発の担い手として国家経済社会計画などに盛り込まれていったのである[1]。

2　「スラム」から「都市コミュニティ」へ

2.1　コミュニティの登録開始

　国家住宅公社が低所得者層向け集合住宅やインフラ等の整備を進める一方で、1985年にバンコク都行政組織法にもとづき特別自治体として改組されたバンコク都は、スラムのような密集居住地だけでなく郊外の居住地においてもインフラ不足や住環境問題が浮上している実態を受け（松薗、1999）、1985年に公的な住民組織としてのコミュニティを管理し住民参加を促すことを目的とした「住民委員会に関するバンコク都規約」を策定し、1991年よりコミュニティの登録および住民委員会の設置を開始した。これまで運河や沼地などの自然的条件に応じて曖昧なまとまりを持っていたスラムに対しては、区役所職員と住民代表数名（時に住民リーダー単独で）との現地踏査および話し合いのもと境界が

定められた。コミュニティの代表性を持つ組織として位置づけられた住民委員会の委員は、2年ごとの住民投票によって選出されることが定められているが、最も大きな権限を持つ委員長になるのはこれまでの住民リーダーである場合がほとんどであり、彼らはコミュニティリーダーと呼ばれた。都規約第25条には、住民委員会は「国王を国家元首とする民主的政治体制を支持すること、行政機関・民間組織との協力によって住民の利益を拡大すること、住民参加と地域資源の活用によってコミュニティの物理的・経済的・社会的開発を行うこと、住民の団結と秩序を強化すること、文化・道徳・良俗を維持すること、コミュニティおよび公共の財産を管理すること、コミュニティ内の諸組織の活動を把握しその成果を行政に報告すること、必要に応じて相談役やワーキング・グループを選任すること」など、住民の生活、文化、社会面にわたる義務と権限を持つものとして明記されている。マリー（2005）は、住民委員会は地域区画性と地域代表性を備えた地域共同管理組織であると評価している。

　住民委員会を設置したコミュニティは、それぞれの立地、家屋の密集度、住環境等の状況に応じて次の五つに分類された。

(1) 密集コミュニティ：建物が無秩序に密集し、人口も過密で、安全・衛生面での問題があり、1ライ（0.16 ha）あたりの家屋数が15軒以上の地域
(2) 郊外コミュニティ：郊外の農村的性格を残し、排水路や歩道などが整備されておらず、洪水などの被害を受けやすい地域
(3) 分譲住宅コミュニティ：民間業者によって開発された一戸建て、タウンハウス、集合住宅などの住宅地
(4) 公社住宅コミュニティ：国家住宅公社によって供給された公団住宅が立ち並び、バンコク都が排水路、ゴミ、歩道、経済、社会、保健衛生その他の面で関与している地域
(5) 市街地コミュニティ：市街地にあり上記のいずれの類型にも当てはまらない地域

　2010年の登録記録では、密集コミュニティが797、郊外コミュニティが420、分譲住宅コミュニティが365、公社住宅コミュニティが119、市街地コミュニティが287であった。登録された地域コミュニティの合計数は1988、住民数は166万人、33万世帯となり、バンコク総人口の18.2％にあたる計算になる。

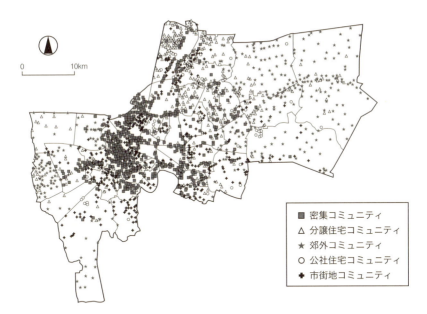

図2.2 登録コミュニティの立地（2012年）（バンコク都（2014）をもとに作成）

2012年時点までに登録されたコミュニティの立地（図2.2）を見ると、最も過密状態にある「密集コミュニティ」は都心部に集中しているか、または道路や運河に沿って線状に並んでいる傾向が見てとれるのに対し、「郊外コミュニティ」は郊外地域に広く点在しているのが分かる。また、2000年代後半に増加が顕著な「分譲住宅コミュニティ」は、都心から一定の距離を保った中距離地に集中している。

2.2 テーマ型グループの急増とネットワーク化の拡大

　登録によってまとまりが明確化され、かつ住民委員会という窓口を持ったコミュニティは、政府機関やNGOをはじめとする外部機関からの支援の受け入れや、コミュニティ同士の関係性の強化など、外的な交流を活発化させていった。それにともない、コミュニティ内では外部からの支援や事業を受けるための特定の目的を持ったテーマ型のグループが次々と生まれ、さらにコミュニティの枠を超えたグループ同士のネットワークも盛んになっていった。この動きをいっそう後押ししたのが、2000年に国家住宅公社から独立したコミュニティ

組織開発機構の推進する低金利融資事業であり、事業運営のための貯蓄組合の組織化、および返済能力の向上を図った貯蓄組合同士のネットワーク化がすすめられた（藤井・安、2001）。事業開始からわずか1年後には、全国の600以上の貯蓄組合が参加する103のネットワーク・グループが記録されている。103のネットワーク・グループの内訳を見ると、その約半数がバンコクを拠点としており、内容は貯蓄活動に限らず居住環境整備、コミュニティビジネス、職業訓練など多岐にわたり、コミュニティの社会経済環境全体の改善を目指すものが多い。その背景には、返済能力の向上に留まらず、コミュニティ同士の情報提供、技術支援など、これまで個々に行われていたノウハウや関係性を学びあう積極的な姿勢があったといえる（佐々木、2003）。こうしたコミュニティとしての活動は、さらなるテーマ型グループの組織化およびネットワーク化を通して活発化していった。1999年には、ごみの収集、道路や歩道の補修、運河と排水溝の清掃など、バンコク都の公共サービスを委託されるネットワーク・グループも出始めるようになっており、ネットワーク化により活動が強化されたことで、コミュニティは社会的な信用を得られる立場になっていったのである。

2.3　投資先としてのコミュニティへ

　コミュニティ内外の動きが活発化する中で生じた1997年アジア経済危機と2001年以降のタクシン元首相による低所得者優遇政策は、コミュニティの組織および活動をより複雑化させた。経済対策として海外から多額の援助資金を受けたタイ政府は、その使い道の一つとして社会投資基金を設け、その提供先を地域のコミュニティとし、経済危機発生後の5年間は特例として、コミュニティに直接的な資金が供与された。さらに2001年に首相となったタクシン元首相は、公約の一つとして貧困撲滅を掲げ、特に農村部の農民および都市スラム住民を対象とした低所得者層向け事業を次々と実現していった。誰もが30バーツ（約100円）で医療を受けることができる「30バーツ医療制度」、コミュニティでの産業促進を目指した「一村一品運動」（One Tambun One Product: OTOP）、「村落基金」（One million Bahts Project）などである。また、5年のうちに低所得者向け住宅を100万戸建設するという住宅プロジェクトも大きなインパクトとなった[2]。この他、2004年から内務省安全管理局の「反麻薬活動資

表2.1 コミュニティにおける一般的な組織の一覧

年	名称		英語名	支援者	特徴
1950〜	女性会		Women Group	自然発生的だが、時にNGO支援による	伝統的側面が残る
	青年会		Youth Group		
	老人会		Elderly Group		
1980ごろ〜	協同組合		Cooperative Institution	NGOなど	頼母子講に類似。住民リーダーが取りまとめる場合が多い
1991〜	住民委員会		Community Committee	バンコク都	区役所との窓口。2年ごとの選挙、月1回の区会議参加義務あり
2000ごろ〜	テーマ型グループ	貯蓄組合	Saving Group	コミュニティ組織開発機構	住民リーダーが取りまとめる場合が多い
2001ごろ〜		資金運営組織	Community Fund	外部の出資者	一時的なものも存在する
2001〜		ネットワーク・グループ	Network Group	コミュニティ組織開発機構、NGOなど	一時的なものも存在する

金（Anti-drug Project Fund）」による1万バーツ資金、王妃の資金援助にもとづく「マザーファンド（the Mother of the Land Fund）」としての1万バーツ資金など、投資としての資金がコミュニティに流入するとともに、その受け皿としての資金運営組織も次々と編成されていった。

　しかしながら、こうしたコミュニティを拠点とした組織は、唯一代表性を持つ住民委員会の管理をも超えて乱立したといえる。住民の流動化や世代交代、リーダーの入れ替わりなどによって、グループの活動範囲や責任など、曖昧なまま組織が複雑化していったのである。表2.1はバンコクのコミュニティを訪れた際に、高い確率で存在する組織を取りまとめたものである。1950年代以降はスラムにおいて伝統的な住民リーダー、婦人会、青年会などが自然発生的に生まれ相互扶助が行われていたが、NGO、自治体、政府機関などさまざまな外部組織からの支援を受けながら、コミュニティ内の組織の活動内容も範囲も拡大していった。

3 新たな変容としての地域化

3.1 コミュニティのフォーマル化

　複雑化したコミュニティ組織およびネットワークを行政区のレベルで協議会として取りまとめ、さらに都市レベルで統合することによって自治体・行政との交渉を可能とし、政策および計画における協働を可能にすることを目的として成立したのが「2008年コミュニティ組織協議会法(The Act of Community Organization Council, Year of 2008)」である。基本法となった2007年憲法では、「コミュニティの権利」が生活を守るための権利として積極的に位置づけられ、同時に訴える権利がコミュニティに保障された。その上で、コミュニティ組織協議会法にはコミュニティの定義、権利、義務、さらに運用方法までもが明記された。序章第3項では、「コミュニティ組織協議会」とは、一般に「コミュニティ」「地域コミュニティ」、または「伝統的地域コミュニティ」の集合体であり、一つの行政区に対し一つだけ設立できるもの、と定義している。また、コミュニティ組織協議会に参加できる組織は、住民自らによって形成されたのか、外部機関の支援を受けて形成されたのかに捉われないものとし、その性質、規模、目的などにも捉われないものとした。これまでコミュニティやそれらをめぐる組織が、いかに曖昧に（良い意味で柔軟に）捉えられ運用されていたかが伺える箇所であろう。

　2008年2月にコミュニティ組織協議会法が施行されてから、タイ全国で協議会の設置が相次いで行われた。管理組織に位置づけられているコミュニティ組織開発機構が公表した2008年8月および2010年4月の報告書によると、2010

表2.2　2008年時点の地方別コミュニティ組織協議会の設立状況（2008）

	北部	東北部	南部	中部	バンコク首都圏	バンコク都	合計
対象行政区数	1470	2947	1176	1451	732	50	7776
2008年8月	144 (9.8%)	233 (7.9%)	113 (9.6%)	215 (14.8%)	91 (12.4%)	13 (26%)	796 (10.2%)
2010年4月	253 (17.2%)	493 (16.7%)	332 (28.2%)	359 (24.7%)	218 (29.8%)	29 (58%)	1655 (21.3%)

（バンコク以外はCODI（2008, 2010）報告書より。バンコクは聞き取り調査より）

年に北部で 17.2%、東北部は 16.7%、南部は 28.2% の対象区が協議会の設立を完了している（表 2.2）。一方、中部およびバンコク首都圏（バンコクおよび周辺 5 県）では、中部が 24.7%、バンコク首都圏が 29.8% となっているが、そのうちバンコクのみの数字を計上してみると、2010 年では 29 区の 58% が設置済となっており、他の県と比較してかなり早い設立が行われた。これは、バンコクにおける設置は農村部と比較して進まないだろうというコミュニティ組織開発機構担当者の当初の見通しに反する結果であった。

3.2　バンコクのコミュニティ組織協議会

バンコクのコミュニティ組織協議会は、2010 年 11 月の調査時において、全 50 区中設立が完了している区が 29 区、手続き中が 16 区、手続きがまったく開始されていない区が 5 区であった（図 2.3 参照）。動きがまったく見られていない区はすべてバンコクの中心地区に位置しており、特に商業化が進んだ地区では密集コミュニティをはじめコミュニティの数は多いものの活動は形骸化して

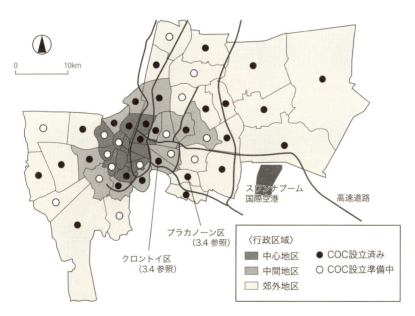

図 2.3　バンコク行政区別コミュニティ組織協議会（COC）設立状況（2010 年 11 月）

バンコク協議会会合の様子
(2009 年コミュニティ組織協議会提供)

いる可能性が示唆される。

協議会の設置状況にばらつきが見られることを受け、2010 年 8 月に中心的な住民が集まり、バンコク全体の協議会として「バンコク協議会会合（Assembly of Bangkok Community Organization Council)」を設置した。そのねらいとして、協議会の設立が完了していない区の住民も参加できる協議会の集まりを設けること、そのような区における協議会の設立を促進すること、そして都市レベルでの活動および連携を強化することが挙げられた。バンコク協議会会合を加えた各主体の関係図を表したものが図 2.4 である。

協議会の運営資金はコミュニティ組織開発機構およびバンコク都からの補助金によって補われており、2010 年度はコミュニティ組織開発機構からは各協議

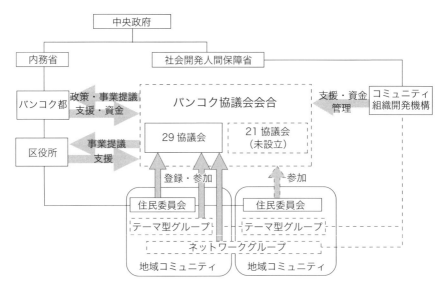

図 2.4　コミュニティ組織協議会を取り巻く関係（聞き取り調査をもとに筆者作成）

会に対し2万バーツ（約6万円）、合計56万バーツ（前年度設立済みの28協議会が対象）が支給されており、バンコク都からはバンコク協議会会合に対し10万バーツ（約30万円）が支給されている。各協議会の運営はボランティアベースであることから労務に対する給与はなく、会議への出席者へ交通費として1回100バーツ（約300円）の支払いのみが行われている。そのため、協議会の代表者らは自らの自宅やコミュニティセンター等の共有空間を兼用して作業をすすめており、事務や会議にかかわる経費や設備などは個人負担、バンコク協議会会合参加者からのカンパ、区役所や大学などの施設の利用などによって補われている。

3.3 コミュニティ組織協議会の実態分析

国家法として制定されたコミュニティ組織協議会法であるが、その運用は前述の通りボランティアベースによる個人負担やカンパに頼る面が多く、全体の実態把握が課題となった。そこで筆者が2010年から2012年にかけてコミュニティ組織協議会に参加している組織への聞き取り調査、アンケート調査、事例調査をもとに把握した実態とその傾向について紹介する。

バンコク協議会会合の協力のもと、各区のコミュニティ組織協議会に参加している組織、全1536件への電話インタビューを実施した結果、バンコク全体でコミュニティ組織協議会に参加している組織は、コミュニティ内で組織されたテーマ型グループが1029件（66%）と最も多く、続いて住民委員会が335件（22%）、ネットワーク・グループが186件（12%）であることが分かった。なお、分析可能なコミュニティ数598のうち、住民委員会のみ参加登録しているコミュニティが28%、テーマ型グループのみ登録しているコミュニティが26%であった。住民委員会とテーマ型グループの両方を登録しているコミュニティは全体の46%に留まっている。

住民委員会とテーマ型グループの立地をそれぞれ示したものが図2.5と図2.6である。住民委員会の立地は、参加が顕著である区とそうでない区の差がはっきりしている傾向があるのに対し、テーマ型グループは比較的まとまりをもって広範囲に立地していることが分かる。

テーマ型グループとネットワーク・グループの内訳を見ると、ボランティア

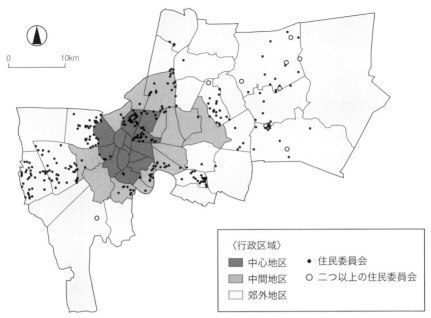

図2.5 コミュニティ組織協議会に参加する住民委員会の立地

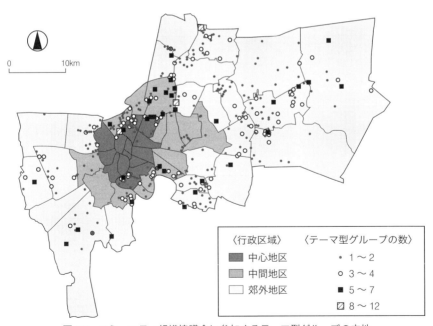

図2.6 コミュニティ組織協議会に参加するテーマ型グループの立地

組織が858件(69%)、資金運営組織が175件(14%)、貯蓄組合が140件(11%)、協同組合とラーニングセンターがそれぞれ2%程度であった。ここで登場する資金運営組織とは、中央政府などの外部組織から受けた投資や支援金を運営するグループであり、個々を見ると「村落基金グループ」「マザーファンドグループ」など事業名がグループ名称に入っているものが多く見られる。こうした組織は、特に郊外地区で顕著であった(貯蓄組合が9%であるのに対し、17%を占める)。

ボランティア組織の活動内容を地区別に示したものが図2.7である。全体的に最も多いのがコミュニティ全般の運営を目的とした総合的な「コミュニティ・マネジメント」であり、全体の2割程度を占めている。続いてヘルスケア(9.8%)、老人会(Elderly Group)(9.1%)、反麻薬(8.9%)となった。地区別の傾向を見ると、中心地区では反麻薬と青年会(Youth Group)の割合が他地区より多い一方、住宅問題とヘルスケアについては特に少ない。中間地区は住宅問題と防犯の割合が特に多いが、反麻薬は少ない。郊外地区は全体の傾向と似ている傾向にあるが、他地区と比べて特にコミュニティ計画の割合が少ないことが分かった。

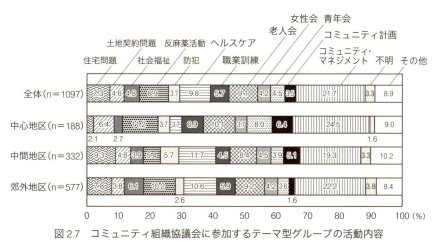

図2.7 コミュニティ組織協議会に参加するテーマ型グループの活動内容

*1 「その他」(全体での数値が3%以下)の内訳は次の通りである：環境改善(全体で1.9%)、災害復興(同0.6%)、障碍者ケア(同0.6%)、社会開発(同1.0%)、起業活動(同2.2%)、子供グループ(同1.5%)、家族計画(同0.7%)、教育活動(同0.5%)
*2 活動内容の分類に関しては、コミュニティ組織協議会参加者へのインタビューおよび会合での参与観察を通して、バンコクのコミュニティに共通する項目として筆者が設けたものである。

バンコク都の登録上のコミュニティ類型別に各区の協議会への参加状況を見ると、密集コミュニティが263（全参加コミュニティの44％）、公社住宅コミュニティが51（9％）、市街地コミュニティが55（9％）、分譲住宅コミュニティが86（14％）、郊外コミュニティが144（24％）と、密集コミュニティの数が半数近いことが分かった。一方、参加率で見ると、公社住宅コミュニティが42.9％と最も高いが、郊外コミュニティは34.3％、密集コミュニティは32.9％、分譲住宅コミュニティは23.6％、市街地コミュニティは19.2％と、2～3割に留まっている[3]。

　各区の協議会に参加している各コミュニティの立地を示したものが図2.8である。図2.2のバンコク都登録全コミュニティ（2012年）と比較しても、全体の2割弱に留まっている様子が伺えるだけでなく、全体的に郊外コミュニティは比較的分散傾向にあるのに対し、その他のコミュニティは近距離に固まっている傾向が見られる（柏﨑・城所、2011、2013）。

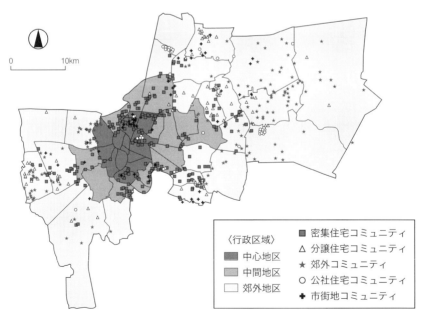

図2.8　コミュニティ組織協議会登録グループの出身コミュニティの立地（2010年）

3.4 コミュニティ組織協議会の事例

本項では、各区のコミュニティ組織協議会の中でも、先駆的に協議会の設立および活動をすすめた2つの区（図2.3参照）を紹介する。

事例1：クロントイ区協議会

当区はバンコク内の最も大きな運河であるチャオプラヤー川に隣接しており、12.316 km^{2}の面積に総人口12万7336人、4万9225世帯が登録されている。1960年代ごろから隣接するクロントイ港での日雇い職を求めた労働者が急激に流れ込み、大規模なスラム地区を形成している。一方、区内を横断する高架鉄道・スカイトレイン沿いには高級デパートや高層コンドミニアムが立ち並ぶという二極性を持った区である。

当区には41の登録コミュニティが存在しており、2011年の記録ではうち28が密集コミュニティ、五つが市街地コミュニティ、六つが公社住宅コミュニティ、二つが分譲住宅コミュニティであり、そのほとんどが川側に位置している。クロントイ区協議会の立ち上げを切り出したのは、これまで密集コミュニティで清掃活動や協同組合などに関わってきた住民で、何度も住民委員会の委員を務めていた人物である。20年以上にわたる活動経験の中でリーダーのような座に立ったことはなかったが、協議会の立ち上げによって初めて長となった。これまで金銭管理などの事務作業をしてきた経験から、協議会立ち上げにかかわる面倒な事務手続きなども難なくこなすことができたという。

当協議会の立ち上げ当初は、13の密集コミュニティと、三つの公社住宅コミュニティが参加した。参加者間の話し合いをもとに、区内の課題として、(1)へ

NGOの教育施設の一室をクロントイ区協議会のオフィスとして活用（筆者撮影、2011年7月）

クロントイ区協議会によるスラム地域の土地所有権に関する住民会議（筆者撮影、2010年9月）

ルスケア、(2)コミュニティ計画の作成、(3)防犯、(4)環境、(5)麻薬撲滅、(6)住宅、(7)教育、(8)ファイナンス、の8課題を設定した。さらに課題ごとにワーキング・グループをつくり、解決策が話し合われた。3年経った時点で成果があらわれたのは、コミュニティ組織開発機構の進める住環境改善事業への協力および進展が見られた(6)住宅と、区内の私営保育所に通う幼児に対して区役所から支払われる奨学金の期間を、2歳から5歳までの4年間から、6歳までの5年間に引き延ばすことに成功した(7)教育であった。後者では、周辺の四つの区とともに協力して各区役所に交渉を行ったことが成功につながったと関係者は確信しており、この成功を受け、チャオプラヤー川沿いの区の合同活動として、(1)川岸の清掃活動、(2)開発公害対策活動、(3)日雇い労働者に対する労働保険の適応交渉が進められるようになっている。

事例2：プラカノーン区協議会

2006年9月28日に全面開港したスワンナプーム国際空港からバンコク中心街へと向かう途中に位置する当区は、空港開発計画の時点からコンドミニアム、ホテルの建設が急増し、特に区内を通る幹線道路沿いに建設ラッシュおよび人口増加が続いている。さらに中心地区からもさほど離れておらずスカイトレイン沿線にも位置するため、大規模デパートの開発も進んでいる。区内の土地利用計画では中密度住宅地区が9割を占めており、残り1割は政府・公共用地に属している。当区では、28の密集コミュニティ、一つの市街地コミュニティ、16の分譲住宅コミュニティの計45のコミュニティがバンコク都に登録されている。

開業当初のコミュニティ・レストラン（筆者撮影、2009年9月）

改装後のレストランでのプラカノーン区協議会の様子（筆者撮影、2011年1月）

2008年8月に協議会が設立された当初は、地区内の密集コミュニティのリーダーが自薦および他参加者の合意によって協議会の代表に選出された。区内の全45のコミュニティのうち、24のコミュニティが参加し、そのうち16が密集コミュニティ、8が分譲住宅コミュニティであった。

　協議会は設立したものの、協議会としての活動は1年間ほとんど進まず、代表は自ら辞任し、後任として分譲住宅コミュニティの40代自営業の男性住民が代表となった。ボランティア活動をした経験はほとんどなかったが、着任前に住民委員会の委員長を1年間務めた経験から、積極的に協議会の活動を進めていった。毎月の会合を経て、区内の課題として(1)環境問題、(2)麻薬問題、(3)健康問題、(4)収入・職業問題、(5)コミュニティ計画の策定、(6)社会福祉、を選出した。このうち進展を見せたのが(1)の環境問題であり、近年加速する開発による公害問題が裏付けとなり、騒音、大気汚染、水質汚染、渋滞問題、区内の空き地に不法投棄が蓄積していくなどの空き地問題を区内の環境問題として取り上げ、区役所に要望書として提出を行い、空き地の整備・管理資金を得た。

　また、協議会代表が自ら出資するかたちで、2009年にコミュニティ・レストランがつくられた。仕事を持たない住民を優先的に雇い、調理訓練や接客指導をも自らが行った。しかしレストランとしての収益が見られなかったことから、2010年には新たに多目的スペースとして改装され、協議会の会合もここで行われるようになった。しかしながら、こうした活動に対し地域住民からさまざまな批判を受けるようになる。情報が行き渡らず、代表者の活動は特定の人物による営利行動であるとの批判が相次いだのである。しかし他に代表を務める人材がいないことと、代表としての活動を自粛することで、2011年以降も引き続き同様に協議会が運営されている（柏﨑・松行、2014）。

4　コミュニティの組織化と地域化プロセスから見える展望と課題

　本章では、タイの首都バンコクの都市化とともに形成されたスラムが、さまざまな外部組織との関わりの中で、組織としての特徴および地域における位置づけを変容してきた潮流を概観した。1960年代以降の急速な経済成長および

都市化によって悪化したスラム問題は、都市のコミュニティ政策の一環として、バンコク都、国家住宅公社やコミュニティ組織開発機構などの公共機関、そしてさまざまなNGOによって支援され、特に1997年のアジア経済危機以降はコミュニティへの直接投資が進められた。同時に、それぞれの事業の受け皿としての組織化も多様に進み、さらにコミュニティの境界を越えたネットワーク活動が支援され、コミュニティ内部の構造は非常に複雑化した。こうした外部組織との直接的な関係の構築、ネットワークの複雑化は、これまでの強権的かつ官僚的な政治社会構造を改革するものとして、特にコミュニティ組織開発機構によって強く後押しされてきたものである。また、バンコクの郊外化によるコミュニティの分散、郊外部における開発公害の悪化は、問題に直面するスラム住民のみならず、中間層が居住するコミュニティにも地域コミュニティという組織として地域課題を解決していかざるをえない状況を新たに構築していったといえる。

　コミュニティ組織協議会の事例では、既存の地域代表性を持つ住民委員会と並行するかたちで、コミュニティ全体のマネジメントに取り組むようなテーマ型グループの組織化がインフォーマルに進んでおり、特に中間地区の密集コミュニティで顕著であることが明らかとなった。また、分譲住宅コミュニティのような主に中間層が居住するコミュニティからの参加も新たに見られたことから、コミュニティ組織協議会の設立によって、インフォーマルかつ多様な層の参加者を新たに組み込むことができているといえよう。しかしながら、テーマ型グループの立地が集積する傾向が明らかになったように、テーマ型グループが積極的であるか否かによって、行政区ごとの活動の差が広がりやすく、それが結果的にコミュニティ組織協議会の設立の可否を左右する大きな要因となっている。コミュニティを基盤とした多様な組織が、複雑化というプロセスを経て、新たに地域性を持ってコミュニティの枠組みを超えたまち全体の課題に取り組むというという試みの一端が明らかとなったが、今後は地域代表性を持つコミュニティ組織協議会および協議会会合としての、活動および運用の透明性が大きな課題となるだろう。

注
1) 民主化運動が激化した「民主化運動の時代」の集大成として成立した1997年新憲法では、「コミュニティの権利」が初めて法的な文章において明文化された。さらに第8次5カ年計画（1997年～2001年）においても、社会問題の解消のためにコミュニティの自律が重要であるとし、これまでの5カ年計画と比較して「コミュニティ」の単語が頻出している。
2) 国家住宅公社は60万戸、コミュニティ開発機構は30万戸、政府貯蓄銀行は10万戸の住宅を整備することを計画し、それぞれの機関での事業を後押しした。
3) 公社住宅コミュニティや郊外コミュニティの参加率が高い要因として、「公社住宅コミュニティ」は1970年代および80年代に進められた国家住宅公社による低所得者層向け集合住宅が中心となっているため、大きな人口規模内における小規模組織の定着および事業間の連携、経験の多さによって、すでにコミュニティ間の連携や活動が定着しており（松薗、1999）、それがコミュニティ組織協議会への参加をいちはやく可能とした要因であったと考えられる。また、郊外地区に位置し農業的側面も有する「郊外コミュニティ」は、近年（特に2000年以降）のバンコクの郊外化および首都圏の成長による開発公害の影響を最も受けやすく（マリー、2005）、そうした事態がコミュニティ組織協議会への参加の大きな動機になったと考えられる。

参考文献
・谷川竜一ほか（2001）「バンコク・ラタナコーシン地区のThabnon Dinsou街区の変遷について―タイ・バンコクの都市形成に関する歴史的研究（1782年―2000年）その1」『日本建築学会大会学術講演概要集』pp. 151-152
・重富真一（2009）「タイにおけるコミュニティ主義の展開と普及―1997年憲法での条文化に至るまで―」『アジア経済』第50巻12号、pp. 21-54
・バンコク協議会会合（2010）「バンコクにおけるコミュニティ組織協議会評価計画第一案」（タイ語）
・バンコク日本人商工会議所（1993）「タイ国経済概況（1992年～1993年版）」
・Sopon Pornchokchai (1985), *1020 Bangkok Slums*, School of Urban Community Research and Actions, Bangkok
・BMA (2004), *Community Data in Bangkok Metropolitan Administration in 2004 for 2000 to 2003*, Department of Policy and Planning, BMA
・松薗（橋本）祐子（1999）「第4章 バンコクの都市住民組織―プロジェクト協力型から自助的開発型組織へ―」幡谷則子編『発展途上国の都市住民組織―その社会開発における役割―』日本貿易振興会アジア経済研究所、pp. 125-152
・新津晃一（1998）「第9章 スラム形成過程と政策的対応」田坂敏雄編『アジアの大都市［1］バンコク』日本評論社、pp. 257-278
・バンコク都（BMA）都市計画課（2014）「バンコクにおけるコミュニティの成長2554」
・藤井敏信、安相景（2001）「アユタヤにおけるコミュニティネットワーク型の住環境整備事業の展開とCODIの役割」『都市計画論文集』No. 36, pp. 445-450
・佐々木康彦（2003）『タイ・アユタヤにおけるコミュニティネットワーク活動に関する研究』東洋大学大学院国際地域学研究科修士論文
・CODI (2008), *Progress Report in July 2008*
・CODI (2010), *Progress Report in July 2010*
・遠藤環（2005）「バンコクの都市コミュニティとネットワーク形成」田坂敏雄編『東アジア都市論の構想』御茶ノ水書房、pp. 425-452
・秦辰也（2003）「タイの都市スラムにおける居住環境改善策の変遷と住民参加の促進に伴う住民組織（CBO）のネットワーク形成に関する考察」『都市計画論文集』No. 38-3, pp. 313-318
・福島茂（2002）「アセアン4都市物語 経済のグローバル化の接合と揺れ動く都市居住」『SRID（国際開発研究者協会）NEWSLETTER』No. 325, pp. 2-5
・マリー・ケオマノータム、牧田実（2005）「バンコクのスラムにおける地域住民組織―カナカマーン・チュムチョン・ワット・ユアンクロンランパックの事例―」『宇都宮大学国際学部研究論集2005』第20号、pp. 1-13
・Kozue Kashiwazaki & Tetsuo Kidokoro (2010), 'A Study on the Partnership Process for Development of

Urban Informal Settlements: Challenge of Community Organization Council (COC) in Bangkok Metropolitan Area, Thailand', *Journal of International City Planning*, The City Planning Institute of Japan, pp. 391-400
・柏崎梢、城所哲夫（2011）「都市コミュニティ開発活動のフォーマル化における地区別の参加傾向と住民評価に関する一考察─バンコクのコミュニティ組織協議会の事例より」『日本都市計画学会都市計画論文集』Vol. 46-3, pp. 1015-1020
・柏崎梢、城所哲夫（2013）「アジアの開発途上国における都市コミュニティ開発活動の実態と展望に関する一考察─バンコクのコミュニティ組織協議会の事例を通して」『日本都市計画学会都市計画論文集』Vol. 48-3, pp. 669-674
・柏崎梢、松行美帆子（2014）「タイの都市中間層による地域コミュニティ開発活動の実施状況および制度的課題に関する一考察─首都バンコクの「分譲住宅コミュニティ」に着目して」『日本都市計画学会論文集』Vol. 49-3, pp. 519-524

第3章 ──フィリピン
セブ市における土地取得事業導入過程

小早川裕子

1 インフォーマル市街地の拡大と土地取得事業

　貧困削減は、国際開発分野において中心的なテーマであり続けてきた。世界の総人口が70億人を超えた2014年現在、世界中の都市には約36億人が集中し、そのうち26.7億人が途上国の都市で生活している。しかも、途上国の総都市人口は、2050年までには世界総人口の67％である50億人に達すると予測されている（国連、2011）。途上国における人口の都市集中は、スラム・スクォッター居住といった、インフォーマル市街地を急速に拡大させながら、その居住環境をさらに劣悪なものにしている（UN-HABITAT, 2009）。

　公的なサービスや基盤整備が施されることのないインフォーマル市街地では、多くの人々は安全に生活するために最低限必要な住宅や水、そして、衛生的な環境を得られずにいる。このような都市部のインフォーマル市街地が形成され拡大してきた最大の要因は貧困であるが、都市開発政策、土地制度、住宅市場の不備や不足も大きく影響している（世界銀行、2004）。

　本章で対象としたフィリピン、セブ市のバランガイ・ルスは、居住権を持たないために、生活向上に必要な経済的、社会的、制度的諸資源へアクセスできずにいたコミュニティである。ルス住民は、自力で住宅や下水道など生活に最低限必要な整備を行い、生きてきた。そのルスに、セブ市のインフォーマル市街地として初めてフォーマルな開発事業が導入されることになった。彼らに土地を取得する機会が与えられたのだ。しかし、土地取得事業の導入は、必ずしもルス住民に歓迎されなかった。土地を所有し、フォーマルな市民となり、これまで不可能だった数々の資源へのアクセスを可能にする機会を目前に、ルス

住民は事業を拒否する選択をした。それはなぜか。また、その後彼らが取った矛盾する行為が意味することは何か。一見、道理が通っているように思われる施策を受益者が素直に受け入れない要因はどこにあるのか。複雑で矛盾する都市インフォーマル居住者の行為選択を彼らの目線から解明し、地域に埋め込まれた社会関係資本とその蓄積の関係性の中から、持続可能なコミュニティ開発に有効な諸要素を提案したい。

1.1　インフォーマル市街地の形成

400年以上植民地支配されてきたフィリピンでは、統一された言語、交易、市場が欠け、民主的手続き、政治的手続きの尊重、個人的自由や市民の政治権利などを保障する力がないまま、戦後、「準国民国家」として独立した（清水・中西、1999）。複合社会を統一して国際的に認められるような政治的安定と経済成長を実現させるには強いリーダーの存在が望まれ、「開発独裁政権」のもとに国づくりが進められた（リベロ、2005）。そこで誕生したのがマルコス政権である。

1970年代から1980年代まで、近代化と経済成長を推し進めたマルコス政権は経済的成果を上げていったが、ごく一部の富裕層だけが開発と近代化の恩恵を享受したのに留まり、地域格差や階層間格差を拡大させた（リベロ、2005）。1970年代の農地改革や「緑の革命」は、結果的に地域格差の拡大、農村階層分化、土地なし農業労働者の余剰労働力の増大を引き起こした（清水・中西、1999）。そして、農村部の生活苦から、余剰労働力は都市部へと移住していった。急速な人口移住率の上昇は、深刻な都市化問題へと発展していった。公平性、地方分権化、および民衆の意見を取り入れた施策への要求の高まりに加え、1983年にフィリピン立て直しのために逃亡先のアメリカから帰国したベニグノ・アキノが暗殺されたことで、1986年には「ピープル・パワー」による「2月革命」が起こり、マルコスに代わって民主化を目指したベニグノ・アキノの妻、コラソン・アキノが大統領となった（貝沼、2009）。

都市への人口流入は本来、先進工業国がそうであったように、経済発展に寄与するはずが、開発途上国ではなぜ大きな社会経済問題に発展したのか、という点を中西徹は三つの観点から整理している（中西、2001）。第一に、「首座都

市（primate city）」への一極集中現象である。開発途上国では、植民地時代の首座都市への機能の一極集中が長期化した結果、都市への人口集中度がきわめて高くなった。第二に、都市に出れば高い賃金にありつけるという期待感による農業労働者の主体的意思決定にもとづいた人口移動である。第三に、農村から流入する大量の余剰労働者のために、都市の人口規模が許容量を超え、都市インフラが相対的に欠乏する「過剰都市化」問題である。

これらの問題は、都市のフォーマル部門における雇用吸収力が著しく低かったため引き起こされ、余剰労働力はインフォーマル部門を拡大させていった[1]。余剰労働力となった労働者は結局、個人でモノ売りをするか、廉価な賃金と過酷な労働条件で直接雇用者と契約をするインフォーマル部門で就労していったのである[2]。

1.2 国家の都市貧困削減政策

1986年、民衆に支持され誕生したアキノ政権は、民主的に都市貧困層問題を解消することを最優先課題とし、翌年の1987年には、都市貧困層のための都市貧困大統領委員会を設け、政策企画や事業導入の段階から都市貧困層を直接政治に参加させた。1991年の地方政府法は、基礎的サービスと規制に対する権限の地方政府への委譲を実現し、地方政府とNGOおよび住民組織によるパートナーシップで、地方政府の自律強化と市民参加を制度化した（西村、2005）。1991年の地方政府法が目指したものは、権力が集中した中央政府による伝統的なトップダウン型アプローチからボトムアップによるガバナンスへと大きくパラダイム変換することであった。

1992年の都市開発住宅法は、都市貧困層が生活できる環境を優先した都市土地利用と開発を制度化し、住環境整備における都市貧困層やコミュニティのイニシアチブを奨励した。特に、生活最低必要条件を満たすことのできない全国の最低収入取得者30％をターゲットとした社会住宅事業では、住宅のみならず基盤整備、公共サービス、生計事業をも事業内容に取り入れた。行政や開発企業などが事業主となる社会住宅事業は、基盤整備を含む30万ペソ（100ペソ＝380円、2007年現在）以下の住宅に長期低利融資する事業である（都市開発住宅法：UDHA, 1992）。

1　セブ市の都市貧困削減政策

セブ市は、都市貧困削減政策を立ち上げた最初の都市である。1991年の地方政府法に先駆け、セブ市は都市貧困削減政策として都市基礎サービス事業をユニセフの支援のもと、1988年に設定した。都市基礎サービス事業は、次の10項目から構成される。1）健康と栄養、2）水と衛生、3）教育、4）ジェンダー、5）生計、6）ストリート・チルドレン、7）土地取得、8）コミュニティ開発、9）調査、10）事業支援である。本事業は、四つの国家政府機関、六つのセブ市政部署、23のNGOの各代表から構成されるセブ市局間委員会によって運営された（Etemadi, 2002）。

1986年に設立されたセブ市都市貧困委員会は、1994年に国家レベルの都市貧困大統領委員会へと拡大した(現在の都市貧困福祉課)。セブ市都市貧困委員会の役割は、セブ市の都市貧困層に対し、政府の事業と政策を早く導入できるよう調整することにあった。委員会はまた受益者とともに市のインフォーマル市街地と再居住地域における社会住宅事業を評価し、市長に適切な事業展開のアドバイスをする役割も担った（青木、2005）。

2　コミュニティ抵当事業（Community Mortgage Program: CMP）

このように政府・NGO・住民組織間のパートナーシップが制度化され、強化された社会住宅事業の代表として、CMP事業が挙げられる。

CMP事業は、セブ市のグラスルーツ住宅活動家の豊富な経験から1986年に発案された、都市インフォーマル居住者が土地取得するためのマイクロファイナンス型の融資事業である。1988年には、政府住宅金融公社内に社会住宅金融公庫が設置され、CMP事業は国家事業となった。CMP事業は、都市貧困層を対象に土地取得と住環境整備を目的とした長期低利融資を無担保で行う事業で、オン・サイトとオフ・サイト・プロジェクトがある。前者は、占拠している土地所有者の土地をコミュニティとして公的に購入する事業であり、一つの申請に対し300世帯が対象となる。後者は、占拠者を別の土地に移転・再定住させる事業で、200世帯を上限としている。両者とも、10％以上事業に反対する世帯があると認可されない。CMP事業では住民の参加意志が問われるのである。

CMP事業には複数の住宅事業局が携わっているが、政府の事業として住宅金融公庫が中心となって事業の融資、書類選考、土地購入を行っている。当事

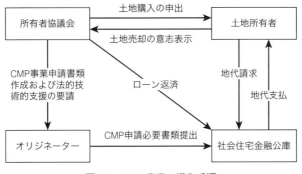

図 3.1　CMP 事業の導入手順

業特有の「オリジネーター」の役割は、都市インフォーマル居住者に住宅所有者協議会（Homeowners' Association: HOA）を組織させ、住宅金融公庫への書類作成・提出を行い、住民組織に CMP 事業を展開する過程で必要な技術的指導や公的な支援を行うことにある（図3.1）。オリジネーターは主に、国家住宅庁、住宅保険保証公社、NGO、および地方行政が担い、手数料として1世帯につき500ペソが住宅金融公庫から支払われる。CMP 事業が導入された後もオリジネーターは、支払い状況を含め、効果的に機能しているかどうか監視する。

　CMP 事業を実施する主体は HOA である。HOA の主な役割は、月々の融資返済を住民から徴収し、住宅金融公庫へ支払うことである。また、返済できない世帯や返済を渋る世帯の調整も行う。CMP 事業の融資は土地取得には8万ペソ、住宅建設には4万ペソを上限とし、それぞれ年利6％で25年以内に支払うことになっている。CMP 事業融資には、①土地取得の融資、②住環境整備（水の供給、排水、トイレ、歩行路の整備など）の融資、③住宅改善・改築の融資があるが、実際に行われている融資は土地取得のためのものがほとんどで、住環境整備や住宅改善のための融資利用はほとんどない（UN-HABITAT, 2009）。

　2001年から2006年の国家保護政策では複数の事業を通して、144万252世帯に住宅・土地を取得させている（UN-HABITAT, 2009）。CMP 事業はそのうち7万7964世帯と一番少ない（表3.1）。これをパーセンテージで表すと、CMP 事業は住宅・土地取得事業全体の中でも5％とかなり低いことが分かる（図3.2）。住民組織を担保とした都市貧困層向け融資の CMP 事業の内容自体は評価が高

表 3.1　2001〜2006 年度国家保護政策目標達成件数（世帯数）

	世帯用住宅政策	2001 年	2002 年	2003 年	2004 年	2005 年	2006 年	合計
1	住宅建設事業	44,883	10,078	6,797	18,062	38,227	29,707	147,755
2	CMP 事業	9,457	12,331	14,026	14,199	13,822	13,822	77,964
3	小売業開発融資事業	26,923	40,619	58,586	97,191	57,223	40,656	321,198
4	大統領公布事業	35,662	78,112	13,636	40,280	7,807	19,978	195,475
5	間接住宅建設事業	24,794	25,099	35,012	178,141	235,351	199,463	697,860

図 3.2　2001〜2006 年度国家保護政策目標達成件数（%）

いものの、膨大な申請書類の作成（ジェトロ、2011）、複雑で困難な土地区分と登記名義の判別、限られた国家予算、限定的な CMP 事業用地、そして、時間がかかる非正規居住者の事業に対する理解と政府機関との信頼構築（小早川、2009）などが、CMP 事業件数が少ない要因となっている。

2　インフォーマル市街地、バランガイ・ルス

2.1　バランガイ・ルスの誕生とスラム形成過程

　ここでは、CMP 事業が導入され、セブ市のモデルケースとなっていったバランガイ・ルス（以下、ルス）の事例を取り上げる。まずは、ルスの形成過程から住民の生活とその社会的特性を紹介しよう。

　ルスは、セブ市の中心部から北東へ 5 km ほど離れた場所に位置する。2013 年現在、その 20 ha ほどの土地に、約 2 万 1 千人が住んでいる。1956 年にセブ市の中心部で起こった大火災で家屋を失った人々は、都市部からアクセスする

表 3.2　シティオ別　移住元と土地取得事業

No.	シティオ名	移住元	主な移住理由	事業名
1	サパテラ	元警察署本部敷地	火災	セブ市社会住宅事業 (CSHP、p.72 参照)
2	アベリャナ			
3	シティ・セントラル			
4	サン・ビセンテ	元陸軍総合病院敷地	強制撤去	条項 93-1 (p.72 参照)
5	サン・ロケ			
6	セント・ニーニョ	ウォーウィック地区	火災	
7	サン・アントニオ	セブ市港湾 1 & 2	強制撤去	
8	カリナオ			
9	ニュー・イーラ	他地域からの移住	強制撤去・就労	
10	サンタ・クルス			
11	セント・ニーニョⅡ			
12	セント・ニーニョⅢ			
13	レグラ			
14	マブハイ	セブ市港湾 1 & 2	強制撤去	コミュニティ抵当事業 (CMP、p.62 参照)
15	ナンカ	元陸軍総合病院敷地	〃	
16	ルビ	他地域からの移住	強制撤去・就労	

注：サパテラ、セント・ニーニョ、マブハイは HOA が結成される際、分割された（p.69 参照）。

道路も存在しない荒れ地への移住を当時の大統領マグサイサイによって許可された。ルスには、それ以降、開発による強制撤去あるいは火災で行き場を失った者、就労目的で移り住んだ者、親類縁者に身を寄せてきた人々などが移住し続け、基盤未整備のまま人口は増加し、過密で狭隘な環境のコミュニティが形成されていった。彼らは主に集団で移り住み、シティオと呼ばれる居住区をコミュニティ内に形成した。現在 16 のシティオでルスが構成されている（表 3.2）。シティオには、彼らが以前住んでいた地域の名前をつけている場合が多い。

このようにシティオは、移住元、移住理由、移住時期が同じ地縁や血縁を主とする小規模社会集団である。各シティオの人口はおおよそ百である。そのため、移住当時からシティオ内の住民は、住宅を失った痛みや貧困の苦しさを共有し、また、相互扶助意識が強く、日常の交流も盛んである。

2.2 土地取得事業導入前のルス住民の経済状況

　荒れ地だった当初のルスの生活は、火災で住まいも仕事も失ってしまった「最初の被災者たち」にとって非常に厳しいものだった。仕事もなければ、食べ物もなかったのである。彼らはカトリック教会やNGOなどから衣類や賄いなどの援助を毎週受けて生活していた。時が経つにつれて、セブ市の人口が増えるとともに都市開発も発達し、ルスにも道路が通るようになった。80年代には、ルスで野菜や果物等の食材を売る者、料理して軒先で軽食屋を経営する者、米を売る者など、小規模な商売をする者が出てきた。ルス内でも商売が成り立つほど人口が増えたのだ。

　現在、インフォーマルな職種には、上述した小規模ビジネスの他に、下請け家内工業や雑貨店のサリサリ・ストアを営む者、ガードマン、ジプニー（乗合バス）の運転手、ペンキ屋、大工、建設労働者などがいる。彼らは日雇い労働、季節労働、不完全就労などで収入を得ているが、無職の状態にある者もいる。未亡人や高齢者などの女性は洗濯業を営みながら生活をつなげている。このようなインフォーマル・セクターの従事者は、ルス住民の60％に及ぶ（2007年の調査より）。セブ市の1日の最低賃金は360ペソであるが、彼らの多くはそれ以下の賃金で働いている。雇われ労働者にしても、契約期間後の次はいつ働けるか、絶えず不安は残る。貯金をして失業時に備えたくても、それがままならない。自営業者も決して安定しているわけではない。地域内を歩いてみると、競合する同業者が多いことに気づかされる。特に、サリサリ・ストアは道路沿いの部屋を改造して主婦が経営している場合がほとんどであるが、その純利益は1日の家族の食費を賄える程度のわずかな収入である。

　2007年に行った調査では、平均家族数が6人のルス住民の平均月所得は1人あたり1487ペソだった。国家統計調整局による5人1家族の2006年度都市部貧困線は、1人あたり1419ペソであることから、ルス住民の平均的な世帯経済は貧困線上にある。とはいえ、ルスに住んでいるのは貧者だけではない。学校の教員、政府機関の職員、会社員、警官などフォーマル・セクターで働く人々も多く、中には商売で成功して豊かな生活をしている人もいる。このように中間層が都市インフォーマル市街地に住むといった現象は、地方から都市部へ大量に流入して急激に増えた人口に対して政府が十分な住宅供給を達成できずに

きた結果であるが、ルスは、そのような住宅を取得できずにいる人々の受け皿ともなっている。

3 土地取得事業の導入と住民の選択

3.1 コミュニティ抵当（CMP）事業導入までの経緯

　第1節では、1991年の地方政府法以降、都市貧困層のニーズに応じた制度化、特に土地・住宅取得を目指した住民参加によるボトムアップ型アプローチの社会住宅事業を中心に説明した。行政・NGO・住民組織のパートナーシップは、都市貧困削減政策・事業を強化し、従来都市貧困層が有することのできなかった土地取得を可能とした。しかし、開発において最終目的を達成するまでの過程には、予想外の事象が現れ、計画通りには進まないことが多い。本節では、CMP事業導入の決定以降、矛盾する住民の選択と行為に着目し、彼らの選択した行為に対する理解を深めたい。

　1980年代に入ると、セブ市の経済は急速に成長していった。当時のセブ州のリト・オスメニア知事とセブ市のトマス・オスメニア市長は、経済発展を共通の目的として、外国投資を引きつける政策を積極的に盛り込み、多国籍企業の参入で金融・サービス業による経済化が進んだ。セブ市を中心とする中央ビサヤ地方の1988年の国内地方総生産の成長率は19.9%を記録した。1987～1992年のセブ州の平均輸出成長率は19.8%と、フィリピンの7.4%よりもはるかに上回った（Etemadi, 2002）。

　セブ市の経済成長にともない、都市開発はルス周辺にまで及ぶようになっていった。ルスに隣接する広大な元ゴルフ場を州政府は不動産やショッピング・モールなどを経営する大規模複合企業アヤラ・グループに売却した。「セブ・ビジネス・パーク（CBP）」と名づけられた新商業開発事業では、今

図3.3　ルス周辺地図

写真1 ルスとその周辺。遠望にウォーターフロント・ホテルとITパーク

写真2 ルス内部

写真3 ルスの生活

写真4 アヤラ方面から見渡したルス全域 （写真1～4とも筆者撮影、2014）

日、観光客で賑わうセブ市の代表的なアヤラ・ショッピング・センターを 1994 年にオープンし、20 年経った現在も開発の規模を拡大し続けている。観光地として有名なセブ市は、1998 年にアセアン観光フォーラムの主催都市を務め、海外からの来賓の宿泊施設としてウォーターフロント・ホテルが建設された。このホテルはルスを見下ろすように建っている。その間、セブ市街地と郊外を結ぶ主要幹線道路も整備され、CBP には近代的高層ビルが軒並み建設されている（写真 1 ～ 4、図 3.3）。

　ルス住民は居住権利を所有しないインフォーマル居住者である。そのため、アヤラ・グループによる CBP 開発の拡大は、彼らに強制撤去に対する不安を再び抱かせた。そこで一部の住民は住み続ける手段として、1988 年に住民組織を結成し、州政府に対して土地譲渡の陳情を行った。ルス住民にとって幸運だったのは、当時、セブ市政が新規に発案した CMP 事業を展開するモデル地区を探していたことである。州政府は、セブ市政がルスのオリジネーターとなることで CMP 事業による土地売却を認可した。

3.2　CMP 事業導入当時の住民の選択とその社会性

　土地取得事業導入の決定で、ルスには新たに 19 の HOA（住宅所有者協議会）がシティオをもとに結成された。CMP 事業の事業内容は、オリジネーターとなったセブ市政によって説明された。インフォーマル居住者に土地を所有する機会を与える CMP 事業は、ルス住民に歓迎されるものと思われていた。しかし、現実はその逆で、大半の住民が反対した。時には、ナイフや棒を振りかざし、オリジネーターを追い払う者もいたという。事業に合意したのは結局、19 の HOA のうち、三つの組織のみであった。

　近隣で進められる都市開発の圧力から解放され、合法的な住民として保障されようとする場面において、なぜ、16 もの HOA が CMP 事業に反対したのだろうか。当時の振り返り調査から、三つの要因が挙げられる。第一に、ルス住民のセブ市政に対する不信である。政府による強制撤去で行き場を失い、ルス住民となった彼らにとって、前代未聞の融資事業は新たな合法的撤去として映った。生活の場を失うことへの不安がルス住民全体に広がり、時には過激な行為となって現れた。第二の要因は、これまで住宅にお金がかからない生活をし

てきた彼らは、返済がともなう事業を受け入れられなかったことである。特に、前大統領が居住を許した正当な住民と認識していた最初の被災者たちの反対は強かった。第三に、貧しいルス住民は外部からの援助に依存してきたため、自らが事業の主体者となって管理運営することを理解できなかった。彼らは自分の生活もままならない貧者なのだから、政府は彼らに無償で土地を与えるべきだ、という考え方をルス住民は共有していた。

　これら事業導入の反対理由は、表3.2で示す通り、強制撤去の経験者が住む、CMP事業を導入した三つのHOAにも共通しているはずである。それではなぜ、彼らはセブ市に対する不信を乗り越えて、事業に取り組む選択をしたのだろうか。この点に関しては、各HOAのリーダーが持つ社会的ネットワークを調べることで、組織の選択と行為に違いが出たことの要因が見えてくる。

　合意した三つのHOAのリーダーたちは、セブ州政府に対して土地の譲渡を陳情したメンバーである。この3人のリーダーのうちの1人はもともとNGOとして、ルスのスラム環境改善活動に携わっていた。彼女は後にルス住民となり、ルスのバランガイ・キャプテン（いわゆる町長）として選出されるのだが、彼女には複数のNGOやセブ市政とのつながりがあった。したがって、彼女にはセブ市政やNGOの最新情報が直接伝わり、セブ市政との信頼関係も構築されていた（図3.4）。また、彼女と日頃から交流のあった他の2人のリーダーにもセブ市政の意向が伝わり、理解するようになっていったのである（図3.4, 5）。

　表3.2で示すように、ルス社会は、移住元、移住理由、移住時期が同じ地縁や血縁を主とする社会集団である。社会関係資本論では、個人間の「紐帯の強さ」を「ともに過ごす時間量」「情緒的な強度」「親密さ」「助け合いの程度」という「4次元を組み合わせたもの」から計る、としている（リン、2008）。社会移動と社会的ネットワークの関係において、リンは、「関係が強いほど、資源の共有や交換をしやすくなる」と説明しており、コールマンは、そのような関係は「互いに対する寛容さを高め」「社会的な貸し借りの関係を活性化する」こともあり、「貸し借りの義務関係が平均よりも強い社会構造は、常に閉鎖的」であると説明している（Coleman, 1990）。親密な関係が「社会関係資本へとアクセスするための必要条件である」とするこれまでの多くの研究[3]は、「資源や生活様式の共有、感情、信頼などにもとづいた強い紐帯が既存資源の維持ないし

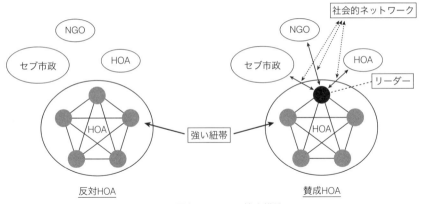

図 3.4　異なる HOA の社会構造

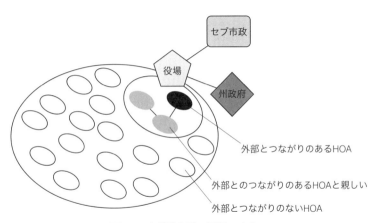

図 3.5　事業導入時の関係アクター

補強を後押しすることを示している」、とリンは説明する（リン、2008）。これを言い換えると、閉塞的なコミュニティ内では、既存資源を維持しようと外部者（外部からの情報）を排除し、個々人の意見よりもコミュニティ（マジョリティ）としての意見や選択が優先されやすいことになる。実際、「否定的な社会関係資本」についてポルテスは、マフィアや犯罪集団の「結束力」に着目し、外部者の排除、個人の自由の制限、集団成員の過度の要求、下方平準規範[4] などを挙げている（Portes, 1995）。

　以上の議論から、社会に埋め込まれた資源や生活様式の共有にもとづいた規範が確立されやすい閉鎖的なコミュニティでは、外部から不安の圧力がかかる

第 3 章　セブ市における土地取得事業導入過程　71

と、その規範は既存の資源を維持し、不安要素を排除しようと働く、とまとめることができる。土地取得事業が導入された初期段階では、ルス住民にとって家族や友人が多く住み、困ったときのセーフティネットを提供してくれる生活圏内にHOAが形成されていた。そのような社会的特性を持ったHOAが寄り集まって構成されたルスは、彼らの社会的規範に従って、ルス住民に共通した資源である生活の場を守るために、不安な要素である土地取得事業を排除する選択をしたのである。

1 セブ州政府との社会住宅事業 ―条項93-1―

大半の住民がCMP事業導入に反対したものの、セブ市政をオリジネーターとするCMP事業支援とその展開は、住民に土地取得が強制撤去を免れ、安定的な生活基盤を築くことにつながるとの認識を抱かせた。ルス住民は、土地取得事業への関心を高めていった。

1990年にセブ州評価委員会は、セブ州政府の土地を占拠しているセブ市内のインフォーマル居住者に対して、政府住宅金融公庫を通して、土地購入のための融資を法律で定めた社会住宅事業の条項93-1を発表した。条項93-1では、年利6%の融資を5年間で州政府に支払うことが定められた。条項93-1の対象となるセブ市内のインフォーマル世帯数は5千を数えるが、ルスでは1356世帯が対象となっている。各世帯が直接州政府と契約し、返済することが定められている。

この発表を受けて、ルスの11のHOAはセブ州政府と契約を結んだ。条項93-1が特に問題なく成立した理由として、ルス住民が、第一に、政府が提供する社会住宅事業に対し、一定程度信頼するようになったこと、第二に、周辺で進行するセブ・ビジネス・パーク開発により高まった強制撤去の可能性の回避策として、社会住宅事業を受け入れたことが考えられる。

2 セブ市政との駆け引き ―セブ市社会住宅事業（CSHP）―

ルス住民が着々とCMP事業と条項93-1による土地取得事業の契約を進める中、最後まで反発したのは、最初の被災者で構成される五つのHOAだった。彼らは、前大統領によって居住を認可された公的な住民であると主張していた。そのため、最後まで地代を払う土地取得事業に納得できずにいた。しかし、彼らの居住を認める公式文書が存在しないこと、周辺で開発圧力が増大している

こと、すでに開始しているCMP事業と条項93-1の展開から、住み続けるには土地取得事業を導入する必要性が明確になったことから、最終的には2002年に、残りすべてのHOAが、セブ市政が提供する社会住宅事業、セブ市社会住宅事業に契約した。

セブ市社会住宅事業とは、土地取得事業に立ち遅れた5 HOAの州政府所有の土地をセブ市政が購入し、それを社会住宅事業としてセブ市が住民に売却するものである。本事業も個人が直接セブ市と契約し、年利6%の融資を10年間で返済する事業である。

3.3 関係アクター間の隠れた目論み

2002年をもって、ルス全域に何らかの土地取得事業が導入された。2006年から2007年に行った三つの土地取得事業返済状況の調査では、事業関係アクターである政府と住民それぞれの選択と行為に、いくつかの矛盾が認められた。第一に、事業立案者である政府がもたらす矛盾である。都市インフォーマル市街地を対象とした融資政策には住民を組織化するマイクロファイナンスの有効性が認識される中、なぜあえて個人を対象とした事業を展開したのだろうか。実際、表3.3が示す通り、条項93-1とセブ市社会住宅事業は返済率が低すぎて、

表3.3 バランガイ・ルスにおける3事業の比較

事業名	CMP事業	条項93-1	セブ市社会住宅事業
事業主	国	州	市
返済方法	住民組織	個人	個人
返済期間	25年	5年（再延長）	10年
利子	6%	6%	6%
事業実施年	1988年	1990年	2002年
返済開始年	1997年	1993年	2004年
事業終了年	2022年	2004年（終了）	2013年（再延長）
地価／面積（Php./m²）	530	560	1,300
1世帯月平均返済額（Php.）	143.30	400	346.29
返済率（定期的に返済を継続している世帯）	79%	所有権獲得＝7% 完済＝24% 返済中＝47% 返済未開始＝22%	7%

事実上失敗している。第二に、住民の矛盾である。返済方法や返済期間で明らかにCMP事業よりも不利な条件の事業になぜ合意したのか、また、たいへんな思いと時間をかけてようやく契約した事業でありながら、なぜ、返済を怠ったのだろうか。

　政府が都市貧困層にとって達成がより困難な事業を実施している点に関しては、セブ市の経済成長により、開発のフェーズが変わったことが主要因と考えられる。土地所有者である州政府は、市の開発の進展により土地価格が上昇していることから、住民による土地取得か、あるいは州政府への土地返還かについて早期の解決を試みたと考えられる。しかし、インフォーマルな収入に頼る都市貧困者にとって、5年や10年で完済する融資事業は高いハードルであり、事業から離脱する住民が増えた。州政府も条項93-1の導入にあたり土地区画調査と返済額の割り出しなどに5年以上の歳月をかけてしまい、契約を更新せざるをえなかった。結局、更新後も、条項93-1は多くの世帯（69%）が完済しないまま、2004年に終了している（表3.3）。

　次に、ルス住民の矛盾する行為についてである。CMP事業に一度は反対した住民も、ルス周辺で推し進められる都市開発による圧迫から解放され、安心して生活するために残された手段は、自らが主体性を持って土地取得事業に参加することであると悟った。そのため、CMP事業後に提供された土地取得の機会を受け入れたのである。しかし、月収のないインフォーマル所得者にとって、毎月決まった額を支払うことは難しかった。住民組織で返済の連帯責任を負うことのない個人契約は容易に離脱者を生むこととなった。セブ市社会住宅事業では返済する世帯が全体の7%と極端に低いが、これには、条項93-1の失敗が大きく影響している。条項93-1において期間中に完済できなかった世帯に対する州政府の対応は、住民がそれまで支払った返済額を借地代扱いする一方で、返済を断念した住民もそのまま住み続けることを黙認するものだった。このような状況を見て、セブ市社会住宅事業の住民は返済意欲を失った、と考えられる。

4　コミュニティ開発の3段階プロセス

　以上見てきたように、ルスにおける土地取得事業は、地域全体としては失敗している。しかし、そのルスが、2009年に「最も優秀なコミュニティ改善を遂げた町」としてセブ市に表彰された。ルス住民の活発な地域改善に向けた活動が成果を上げ、表彰されたのだ。

　第1節で既述したように、92年の都市開発住宅法では、社会住宅事業内に住宅や土地のみならず、最低必要基礎整備、公共サービス、生計事業をも組み込んでいる。この住宅法により、ルスにも、土地や住宅を取得するためのハード事業とともに、生活改善のソフト事業も導入された。一連の土地取得事業は、担保を持たないインフォーマル居住者をフォーマルな世界につなぐ手段であり、ルス住民に定住の希望を持たせ、その希望は彼らを当事者意識に目覚めさせた。この当事者意識の目覚めが生活改善事業の導入により、それまで彼らが放置してきた居住区内の環境問題や社会・経済問題に対する主体的な取り組みへと発展していった。

　ルス住民が最初に手がけた生活改善はバンタイバナイ・ネットワークと呼ばれる家庭内暴力をはじめとするジェンダー問題への取り組みである。バランガイ役場内に設置された相談デスクでは、家庭内暴力の他にも女性が抱えるさまざまな問題が顕在化された。主婦、母、娘として同時に何役も担う彼女たちは、世帯経済から社会環境、そして、教育や医療まで重層的に存在する問題を話し合い、それらを解消するために目的別の活動グループをいくつも結成していった。個人的関心から始まった活動グループは、政府が提供する生活改善事業とも結びつき、次第に、ルス内外で生活改善ネットワークが広がっていった。住民の生活環境に直接働きかけるソフト事業は住民活動の多様化と主体性をもたらし、ルスの社会的な紐帯を強化するに至った。その後、ルス住民は、参加型のワークショップ形式を取り入れて、総合計画を策定するまでに実力をつけていった[5]（図3.6）。

　本章では都市インフォーマル市街地に初めて土地取得事業が導入されたことで示された、住民の一見矛盾する、それぞれの異なる行為と選択を理解しようと努めた。その結果、インフォーマルからフォーマルへと居住形態を変容させ

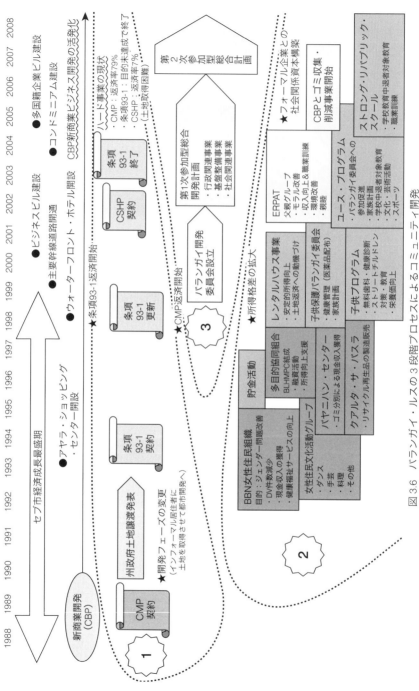

図3.6 バランガイ・ルスの3段階プロセスによるコミュニティ開発

るようなコミュニティ開発では、顕在化する事象に対して、時間的にも政策的にも柔軟であることの必要性が見てとれた。第一に、5年や10年の期間では土地取得事業は失敗している。土地取得事業導入から25年が経とうとしている現在も、土地問題は解決していない。第二に、ルスのコミュニティ開発では、土地取得事業というハード事業に始まり、生活改善のソフト事業を進展させている。この段階では、ルス住民の定住を前提とした所有者意識の目覚めがイニシアチブとなった。第三に、第一、第二ステージを経ることによって、ルス住民はセブ市に表彰されるほどの参加型総合開発を展開させている。これら3段階のプロセスは、あらかじめ計画されていたのではなく、住民の意識変化やニーズに柔軟に対応することで生じた開発プロセスである。

　2015年現在、参加型総合開発で大きな成果を上げたルス住民は、未解決の土地取得問題に取り組み始めた。州政府からの解決策を待たずに、ルス住民が州知事に直接具体策を提案するのである。20年以上の月日を経て、ルス住民は開発事業の主体的アクターへと成長した。

注
1) 中西（2001）は、フィリピンにおける就業構造の顕著な特徴を①第1次産業から第3次産業への労働移動と、②第2次産業（特に製造業）の長期的停滞であるとし、1990年代のフィリピンの最大産業部門はサービス業であったと議論している。
2) 中西（清水・中西、1999; 中西、2001）は、製造業の第2次産業における低雇用吸収率を示しており、低雇用吸収率が都市化問題の深刻化の原因の一つとしている。
3) たとえば、ブルデュー（1980、1983/1986）、コールマン（1990）、ポルテスとセンセンブレナー（1993）がある。
4) 「下方平準規範」とは、集団外部の「主流派」への反発・敵対心によって集団内の連帯性が強化される場合、「上昇」志向により集団から抜け出そうというメンバーに対して、集団からの脱退は、その規範を侵すことになるため、集団に安住させるような「下方」志向の規範が存在するような状況を指す（金光、2006）。
5) 筆者は、ルスのコミュニティ開発を3段階のプロセスで分析している。博士学位論文『スラム・スクォッター居住区におけるコミュニティ開発と社会関係資本の蓄積―フィリピンを事例として―』（2009）

参考文献
・合田濤（1999）「民族と言語」石井米雄、綾部恒雄編『もっと知りたいフィリピン［第2版］』弘文堂
・青木秀男（2005）「マニラの居住権運動とシビル・ソサエティ」田坂敏雄編『東アジア都市論の構想―東アジアの都市間競争とシビル・ソサエティ構想―』お茶の水書房
・ホルヘ・アンソレーナ（2007）『世界の貧困問題と居住運動　屋根の下で暮らしたい』明石書店
・大西隆（1998）『逆都市化』学芸出版社
・恩田守雄（2006）『開発社会学　理論と実践』ミネルヴァ書房
・貝沼恵美（2009）「フィリピンの地域経済格差と公共政策」『変動するフィリピン―経済開発と国土

空間形成―』二宮書店
- ナン・リン［筒井淳也、石田光規、桜井政成、三輪哲、土岐智賀子訳］（2008）『ソーシャル・キャピタル　社会構造と行為の理論』ミネルヴァ書房
- マーク・グラノベッター［大岡栄美訳］（2008）「第4章　弱い紐帯の強さ」野沢慎司編・監訳『リーディングス　ネットワーク論』勁草書房
- 小早川裕子（2008）『フィリピン・セブ市における土地・住宅取得事業を通した持続可能な地域づくりに関する研究　バランガイ・ルスの土地・住宅取得事業の比較より』東洋大学大学院国際地域学研究科国際地域学専攻修士論文
- 小早川裕子（2009）『スラム・スクォッター居住区におけるコミュニティ開発と社会関係資本の蓄積―フィリピンを事例として―』東洋大学大学院国際地域学研究科国際地域学専攻博士学位論文
- 坂田正三（2004）「ソーシャル・キャピタル」『シリーズ国際開発　第1巻　貧困と開発』
- 坂田正三（2005）「社会関係資本と開発」佐藤寛編（2005）『援助と社会関係資本』アジア経済研究所
- 佐藤寛（2003）『参加型開発の再検討』アジア経済研究所
- 佐藤元彦（2002）『脱貧困のための国際開発論』築地書館
- 清水展、中西徹（1999）「政治と経済」石井米雄、綾部恒雄編『もっと知りたいフィリピン［第2版］』弘文堂
- 下村恭民（2006）『アジアのガバナンス』有斐閣
- 中西徹（2001）「都市化と貧困」中西徹、小玉徹、新津晃一編『アジアの大都市［4］マニラ』日本経済評論社
- 西村謙一（2005）「東アジアの地方分権とシビル・ソサエティ―フィリピンの地方政治を中心に」田坂敏雄編『東アジア都市論の構想―東アジアの都市間競争とシビル・ソサエティ構想―』お茶の水書房
- ジョン・フリードマン（2002）『市民・政府・NGO　力の剥奪」からエンパワーメントへ』新評論
- 三隅一人（2013）『社会関係資本　理論統合の挑戦』ミネルヴァ書房
- オスワルド・デ・リベロ［梅原弘光訳］（2005）『発展神話の仮面を剥ぐ―グローバル化は世界を豊かにするのか―』古今書院
- 株式会社三菱総合研究所（日本貿易振興機構（ジェトロ）委託先）（2011）『BOPビジネス潜在ニーズ調査報告書　フィリピン：低所得階層向け住宅分野』
- Spicker, P. 2007, *The Idea of Poverty*（ポール・スピッカー［圷洋一監訳］（2008）『貧困の概念　理解と応答のために』生活書院）
- Burt, R. (2001), 'Structural Holes versus Network Closure as Social Capital', Nan Lin, Karen Cook & Ronald Burt, *Social Capital: Theory and Research*, Aldine de Gruyter
- Coleman, J. S. (1990), *Foundation of Social Theory*, Cambridge, MA: Harvard University Press
- Portes, A. (ed.) (1995), *The Sociology of Immigration: Essay on Networks, and Ethnicity, and Entrepreneurship*, New York: Russell Sage Foundation
- De Soto, Hernando (2000), *The Mystery of Capital: Why Capitalism Triumphs in the West and Fails Everywhere Else*, Basic Books
- Etemadi, F. U. (2002), *Urban Governance, Partnership and Poverty in Cebu*, International Development Department, School of Public Policy, The University of Birmingham
- Granovetter, M. (1973), *The Strength of Weak Ties*, The American Journal of Sociology
- Karaos, Anna Marie (1996), *An Assessment of the Government's Social Housing Program*, ICSI Occasional Paper, No. 1, ed. by Institute of Church and Social Issues, Manila, Ateneo de Manila University
- Mclean, D., Schultz, D., Steger, M. (2002), *Social Capital: Critical Perspectives on Community and 'Bowling Alone'*, New York University Press
- Mitlin, D. & Satterthwaite, D. (2005), *The Community Mortgage Programme: An Innovative Social Housing Programme in the Philippines and Its Outcomes and Poverty*, Empowering Squatter Citizen
- Putnam, R. (1993), *Making Democracy Work*, Princeton University Press　（河田潤一訳（2007）『哲学する民主主義』NTT出版）
- Putnam, R. (2000), *Bowling Alone*, Simon & Schuster Paperbacks
- UN-HABITAT (2010), *The Challenge*
- The World Bank (2004), *Social Development Notes - Community Driven Development & Urban Services for

the Poor, No. 85
・The Urban Development and Housing Act, 1992, Republic Act No. 7279
・UN-HABITAT (2009), *Community-Based Housing Finance Initiatives - the Case of Community Mortgage Programme in Philippines -*
・UN-HABITAT (2011), *Innovative Urban Tenure in the Philippines: Challenges, Approaches and Institutionalization*

第4章 ——中国
城中村現象とその住環境整備

孫立

1 城中村現象の出現

1.1 農民工の急増と城中村の出現

　中国では、多くの発展途上国・新興国と同様に、経済市場化政策による経済発展の一方で、地域間の所得格差の拡大による農村からの出稼ぎ労働者（農民工）が主体である都市低所得者層の急増が都市経営上の大きな課題となっている。

　近年、流入した農民工たちの主な受け皿として中国では、城中村（都市の中の村）と呼ばれている都市現象が生まれ、1990年代以降、大・中都市における普遍的な現象となってきている（図4.1）。この城中村地域は、一口で低所得者地域といっても他国におけるスラム・スクォッター地区とは違い、中国特有のものであり、また、この城中村問題が今後、8億人の農民たちの都市居住がいかに進行していくかという大きな問題につながっているため、近年、各分野から注目されている。本章で、この城中村現象の実態とその住環境整備の方向性について考察する。

　「城中村」という言葉は、中国において、学術用語として2000年前後から使われてきている。既存研究では城中村についての統一した明確な概念は存在せず、整理してみると、おおむね都市計画学者や都市地理学者などによる空間・地域など城中村のハード面に着目した定義と、経済学者、社会学者などによる経済形態、制度体制、コミュニティ属性など城中村のソフト面に着目した定義の2種類が見られる。また、城中村という現象をどのように認識するかについ

ては、考察の視点によって結論が相当に異なっている。ここでは国際的な視点にもとづいて、城中村を世界の開発途上国における低所得者地区の一つとして捉え、その本質を再認識したい。

こうした視座から、まずいえるのは、農村からの出稼ぎ労働者の受け皿としての地域の出現が歴史的な必然性を有するということである。

世界の各国におけるスラムの形成の経緯を見ると、スラムは、住宅市場における需要と、合法的・正規の供給とのギャップから生じる。すなわち、急激な都市化の過程において農村人口の大規模流入による都市貧困層の急増に十分に対応できない場合にスラムが出現しがちである。しかし、短期間に流入した大規模の人口を受け入れるのは、どのような国の都市にとっても困難なことである。現在の先進国でも、当初の急速な都市化の時期には深刻なスラム問題に直面し、大きな問題となった。いうまでもなく、今まさに急激な都市化の只中にある発展途上国の都市においてはこの問題の解決がより困難であろう。発展途上国でもある中国も、人口大国、特に農業人口の大国として、近年の急激な都

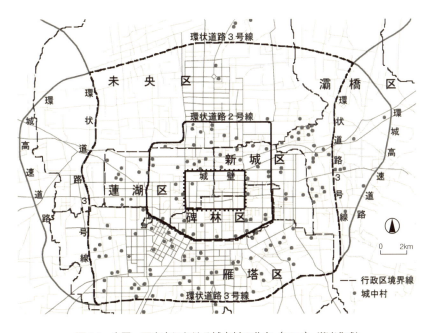

図 4.1　中国・西安市における城中村の分布（2011）（筆者作成）

第 4 章　城中村現象とその住環境整備

市化によって他国に見られない巨大規模の人口が農村から都市に流入してきているし、事実として、これに対する都市による公的な対応の余裕もない。したがって、インフォーマルな受け皿としての地域の出現は、歴史的な必然性があるのではないだろうか。

1.2 城中村の特質

このような意味においては、城中村というものはあくまで、他国におけるスラムなどのような地区と同じ、急激な都市化により急増した都市新規低所得者層のインフォーマルな受け皿であるといえよう。こういった認識により、城中村問題の本質は、違法増築、空間環境などの表面的な問題よりも、むしろ都市新規低所得者層の都市居住問題であるといえよう。その背後に、もちろん、より決定的な社会的、文化的、経済的、法的、政治的な背景がある。

次に、城中村と他国におけるスラム・スクォッターなどのインフォーマル市街地との異同を比較してみよう。大きく捉えると、法的枠外で自発的に都市化が進められてきた城中村は、中国都市におけるインフォーマル市街地であるといえる。法的枠外というのは、無償で無期限に利用できる農村宅地に建てられた住宅ではそもそも農民自身の居住目的以外の使い方は土地法では認められないし、都市計画上でも城中村地区は集合住宅地として指定されていない。さらに、3階以上が認められないという現行の農村住宅建設基準法令によっても、ほとんどの城中村の建設の現状は違法増築の状態になっているからである。しかし、スラムを居住環境が劣悪な密集住宅地、スクォッターを不法占拠者居住地区と定義すれば、城中村は不法占拠を特徴としたスクォッター地区とは異なっている。まず、土地の獲得方式という点が違う。城中村の場合は村自体の集団所有の土地を利用するため、土地の獲得方式が合法的である。また、家屋の所有者が地元の農民であること、単体建築が質的にやや良い点も異なっている。一方で、もし前述したように、不法占拠者居住地区以外の住環境の劣悪な密集住宅地をスラムとして定義すれば、形成メカニズムは異なっているものの、空間的には城中村もスラムの一種であるといっても過言ではない。

以上より、本研究においては住環境の実態にあわせて、城中村を、以下のように捉える。すなわち、城中村とは、地元村民の提供による外来出稼ぎ者の受

け皿としてのインフォーマルな廉価賃貸住宅地であり、中国版の都市スラム地区でもある（写真1、写真2）。

写真1　城中村「吉祥村」（西安市）を見下ろす（筆者撮影、2011）

写真2　吉祥村内部の様子（筆者撮影、2011）

2　二元体制と城中村

2.1　改革開放以来の急速な都市化

　城中村の形成要因については、中国において重要な課題として認識され、多分野に渡る研究蓄積がある。一般的には、城中村の形成は急速な都市化と中国における都市・農村分割の二元管理体制に深く関係していることが広く認識されている。しかし、既存研究においては形成の各段階についての個別的な議論が多く、城中村形成の全体的なプロセスを体系的に解明した研究は管見の限り見当たらない。

　城中村現象は改革開放以来の中国の急速な都市化の進展にともなって生まれてきた新たな都市化現象であり、急速な都市化は城中村の形成の重要な背景の一つとなっている。行政的に市レベルの都市の数は、1978年には193都市しか存在しなかったものが、1998年には668都市へと、20年間で3倍以上にも増加した。都市数のみならず、市街地面積も急激に拡大してきた。改革開放当初は0.7万km^2であったものが2008年には3.6万km^2と、5倍に拡大した。とりわけ近年、大都市の市街地面積の拡大が、より一層顕著になっている。

2.2　都市・農村分割の二元体制

　低所得者地域が中国で城中村という形で現れるのは、中国の独特な都市・農村分割の二元体制に深く関係している。ここで、城中村の形成に直接関連している戸籍制度、土地制度および住宅制度などについて考察しておく。

1　戸籍制度

　中国の戸籍制度における最大の特徴は、戸籍を「農村戸籍」と「都市（非農村）戸籍」に峻別し、人口・労働力の地域間移動、特に農村から都市への流入を厳しく制限することであった。現在でもこの戸籍制度は継続しているが、改革開放以降は、農村労働力移動への需要を追認する形で、段階的に戸籍制度の規制緩和が実施され、農村から都市へと多くの労働者が流入することとなった。

2　土地制度

　現行土地制度も二元構造的な構成となっている。土地の公有制が実施されて

いるが、土地所有権に国家所有（全人民所有）と集団所有（労働者集団所有）の2種類が存在しているのである。

　都市市街地の土地は国家所有である。国家所有権は主に占有権、使用権、収益権、処分権などから構成されており、国有地について個人や企業が有する使用権利は占有・使用・収益・譲渡に限られている。一方、農村と都市郊外区の土地は、法律の規定により国家所有とされるものを除き、農民の集団所有に属する。農地だけではなく、農家の宅地と自己保留地、自己保留山地も農民の集団所有に属する。集団所有地は、売買や譲渡、贈与などの方法で土地所有権の主体を変えることはできず、使用権の譲渡または貸し出しにより、非農業用途に使用することはできない。事実上、農民は土地の処分権を持っていない。

　また、開発・建設用の土地利用を行う際はすべて国有地を使わなければならない。したがって、国有地が足らず農村の土地を使う必要がある際は、農民集団所有地をまず国有地に転換しなければならない。農民集団所有地を国有化する制度が土地収用制度である。また、中国では耕地収用への補償は土地の市場価格によるものではなく、土地の元の用途に応じて補償するのがその原則となっており、市場価格よりも相当に低い補償額となる。

3　住宅制度

　現行の都市の住宅供給体系の核心は、収入の異なる世帯に対し、異なる住宅政策を実施していることである。住民の世帯収入レベルと支払い能力から、世帯を高収入世帯（世帯総数の約10％）、中低収入世帯（世帯総数の約80％）と最低収入世帯（世帯総数の約10％）に分け、それに対応して商品住宅、経済適用住宅、廉価賃貸住宅という3種類の住宅が供給されている。

　一方、農村部においては、村民が住宅を建築する場合、農村の宅地制度にもとづき自己建設することになっている。現行の農村の宅地制度には以下の特徴がある。

　i.　「村籍」者に限ること：農村の宅地の利用は村集団のメンバーである「村籍」者（その村の農村戸籍を持っている者）の権利であり、「村籍」者しか宅地の利用を申請できない。

　ii.　無償で利用できること：申請条件を満たす村集団のメンバーであれば、郷（鎮）の人民政府の審査・決定を経て、県級（郷（鎮）の一つ上の上

級政府）の人民政府が許可した上で、誰でも無償で宅地の使用権を獲得できる。

iii. 無期限に利用できること：農村の宅地の使用権を取得した後、宅地に付属した家屋の存滅にかかわらず、利用期限なしに永久的に使用ができる。国に収用された場合、新規の農村宅地の再申請もできることになっている。

4 住宅政策における二元性

都市と農村の住宅制度の利用者は各々の戸籍者に限られており、他者の利用、とりわけ都市と農村の間の相互利用はできない。たとえば、無償で無期限に利用できる農村宅地は都市戸籍者の利用が禁止されている。これに対し、中低所得者向けの都市の経済適用住宅、廉価賃貸住宅の購入・入居に関しては農村からの出稼ぎ労働者のような、その都市の戸籍を持っていない人には資格が与えられない。したがって、農村から都市へと流入する農民工が入居できる住宅が制度的に整備困難な状況となっているわけである。

2.3 城中村形成のメカニズム

本節では、先行研究によりながら、都市化、二元体制という城中村形成の背

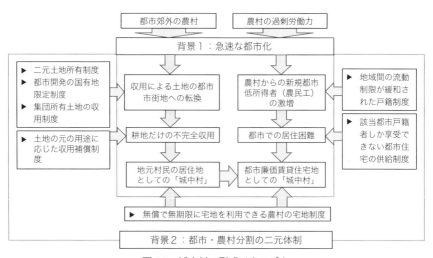

図4.2 城中村の形成メカニズム

景と城中村形成との因果関係について考察し、普通の農村から廉価賃貸住宅地としての城中村ができあがるまでの形成メカニズムを解明することを試みたい。その形成の過程を図式化したものが図4.2である。以下で、各段階における要素間の相互関係・因果関係を分析する。

1 農村保留地と地元農民の居住地からなる城中村の形成

(1) 収用による都市市街地への転用

改革開放以来の急速な都市化がもたらした結果の一つとして、都市市街地の急拡大がある。都市の拡大のためには農地から市街地への転用が必要となるが、中国の場合は都市・農村という二元所有の土地制度により、農民集団所有地は都市建設および開発に直接利用することができない。そこで、中国の都市政府は収用制度を利用し、集団所有の土地を国有化することにより都市事業用地を獲得することが改革開放以来の実態であった。

(2) 不完全な収用

土地の元の用途に応じて補償金額を計算するという収用補償制度により、補償コストの高い村の住宅区ではなく、補償費の安い耕地を収用するのが一般的な手法であった。このような元の農村の一部のみを収用する不完全収用という方法が採用された原因として、農民住宅の収用に巨額の補償金が必要となるという理由のほか、都市政府の立場から見ると、農民住宅まで含めた全収用を行えば、その地域を都市の管理体制に入れなければならなくなるという問題が生じる。つまり、農村管理体制から都市管理体制への転換により、村民の居住、生計等あらゆる問題の解決の責任を都市政府が負うこととなる。この場合、都市拡大のコストとしては住宅収用部分の費用のみならず、これらの新規都市市民に対して提供する必要がある医療、年金などの社会保障、新しい住宅等の費用も含まれるようになる。すなわち都市政府は、不完全収用により農村管理体制を維持させることで、耕地を失った農民に対する責任から逃れるという最も便益を重視した都市拡大の戦略を採用したといえる。この意味では、社会の二元構造が変えられない限り、今後とも不完全収用による城中村の形成を防ぐことは困難である。

(3) 地元農民の居住地としての城中村の形成

都市政府が農村の耕地をすべて収用する際には、耕地を持たない農民の生計

を維持させるため、収用した土地の一部分（収用した土地の8～15%）を保留地として村集団に返却し、経済発展の一助として使用させることが一般的である。保留地は、一般的に村集団の住宅区に連接しているが、別のところに相当する面積を有する土地を提供して交換する場合もある。当該保留地は、商業、工業などの郷鎮企業の開発用地として利用できるが、都市住宅などの不動産開発用地への転用は禁止されている。このように、地元住民の居住地として残された村集落の住宅地は、収用された耕地の都市市街地への転用につれ、新規開発の都市市街地に囲まれることで、都市の中の村、いわゆる城中村が形成されることになる。

2　都市廉価賃貸住宅地としての城中村の形成

急速な都市化によるもう一つの結果として、農民工の出現が挙げられる。実は農民工の出現も急速な都市化と二元体制との相互作用による産物であると考えられている。前節で言及したように、改革開放以来、人口の都市農村間・地方間流動の規制緩和により、農村から都市への出稼ぎ労働者である農民工が増えてきている。現在、全国で約1.45億人の「農民工」が都市に滞在すると推定されている。しかし、二元体制のもとで農民工たちは都市に常住して働いても都市戸籍を得ることはできない。さらに自身の労働技能による職業の制限もあり、彼らは都市部の下層労働市場で働かざるをえない。

正規の都市廉価賃貸住宅の入手は農民工にとってはきわめて困難なことである。正規の都市住宅制度では、前節に紹介したように、正規の廉価住宅は都市戸籍者しか享受できず、農村戸籍である農民工たちには提供されない。つまり、現行制度のもとでは、正規の都市住宅提供制度による都市での農民工の居住問題は解決できない。

次に、都市における民営借家住宅の状況を見てみる。もともと旧体制下における都市戸籍者に対する住宅政策は、低廉な家賃住宅の賃貸と国営企業等による労働者に対する住宅の提供であった。このような状況のもとで、都市市民自身もまた居住問題に悩まされており、他人に賃貸する余裕がなかったことが当時の実態であった。都市住宅制度改革の本格的な執行が1998年から進められ、都市戸籍者向けの経済適用住宅、廉価賃貸住宅の社会住宅政策が打ち出されているが、実際に建設された社会住宅の量は少なく、大規模な国有企業改革によ

って失業者等の都市戸籍低所得者が増加したという現実を加味すると、十分な社会住宅が供給されているとはいいがたい。商品住宅に対しては近年、富裕層の複数住宅の購入により、多少賃貸の余裕が出ているが、それは低所得者の手が届くものではない。その他にも、老朽化した都市の旧市街地に、近年の住み替えにより低所得者の経済状況に応じた賃貸住宅が現れてきているが、量的に見て問題の解決に至るものではない。すなわち、民間部門における都市賃貸住宅の量では農民工の都市居住問題の解決にはならない状況にある。

このような背景のもとで、都市の新規低所得者層の急増による都市廉価賃貸住宅の需要に対し、耕地がなく生計に悩む城中村は、この巨大な廉価賃貸住宅マーケットに可能性を見出したのである。つまり、都市の新規低所得者の経済状況に合わせるような廉価住宅を提供することで、生計を立てると同時に都市の廉価住宅地の機能を果たす役割を担うことになったのである。

3　城中村の住環境

3.1　賃貸住宅市場における城中村の役割

富裕層とは異なり、低所得者層、とりわけ流動性の高い農民工たちが居住地を選ぶ際の重要なポイントとして、低コストで生活できるということが挙げられる。中でも、最も重要な点は家賃と通勤費用であるといわれている。このような条件を勘案しつつ城中村を見ると、以下のような特徴が指摘できる。

i. 地理的な利便性：城中村が「城中村」と呼ばれる原因はこの「村」が都市の郊外にあるのではなく、都市市街地の境界部ないし市街地の内部にある、つまり都市の中の「村」であるためである。よって、地理的な利便性を持つこの「城中村」は、低所得者の安い通勤費用という居住地の選択基準を満たすものである。

ii. 低コスト住宅建設：二元制度のもとで、「農村」である城中村は農村の宅地政策を享受できるという「便益」を持っているため、住宅建設のコストを抑えることができる。前節に紹介したように、農村部における農民用住宅建設の場合、「村籍者」であれば農村部特有の宅地制度にもとづき、その宅地を無償で無期限に利用することができる。言い換えれば、普通

住宅の建設コストの相当部分を占める土地使用費が「ゼロ」になるという意味である。これは住宅建設コストの節約にかなり大きな貢献となる。また、実際に建築する際は、正式な住宅建築技術規範を守りながら建築するわけではなく、建築材料、建築基準を自分で決められる「自己建設」であるため、建設コストも相当に節約することができる。

かくして、二元体制のもとで、農村の宅地制度を利用できるという利点を活かすことで「低家賃」という条件を満たす住宅がつくられているのである。

以上のように、巨大な廉価賃貸住宅市場の需要に応じて、二元体制のもと、地理的な優位性と農村としての「便益」を活用しながら、城中村は本来の耕地なしの地元住民の居住地から都市の廉価住宅地へと変容してきたのである。

3.2　住環境悪化の要因

都市の廉価住宅地となった城中村は、二元体制の制限で都市当局からインフラ整備などの一切の支援がなされない状況にある。そのため、外来借家人の増加により、本来地元村民のために整備されたインフラ施設だけでは不十分な状況となっている。最大の不動産賃貸収益を求めるため、地方法令により規定された農民住宅の面積、高さを超えることや、公共空間を無断占用した違法増築による住宅の過密化が起きている。加えて、再開発する際には、床面積あたりの収用補償価格となるために、高額収用補償が獲得できることも、過密住宅建設のインセンティブとなる。これらの複合的な要因のもとで、城中村の住環境は悪化の一途を辿っており、本来の整備基準を満たしていない生活環境条件のもとで生まれた、都市の廉価住宅地の役割を担う城中村は、基本的生活基盤すら不十分な、高密かつ災害に対して脆弱な都市空間になってしまっている。

たとえば、都市によって多少異なっているが一般的に、農民住宅の建設基準として面積が 300 m² 以下、高さが 3 階未満という制限があるが、城中村の場合はこの基準を超えるのが普通である。西安、広州などの大都市の城中村には、10 数階、20 階以上の農民住宅も見られる。また、村内道路の歩行路部分などを占用して宅地を拡大する現象も少なくない。

城中村の住環境について見ると、都市によって状況が異なっているものの、一般に道路は狭隘で消防車両等の緊急車両が進入しにくい。一方、ほとんどの

城中村では上下水道や電気などは整備されているのが一般的である。住宅建設資材に関しては、地方によって差が大きい。広州、深圳などの沿海部都市では一般都市住宅と同じようなコンクリートの構造が普通であるが、内陸都市では、煉瓦でつくられるケースが多い。

以上のように、規則を無視した増築行為により、城中村の住環境が厳しくなってきているわけであるが、この違法増築現象は個別の城中村において起こった問題ではなく、全国の城中村における一般的な現象であるため、その問題の背後には、より本質的な原因が存在している。制度面から考えると、城中村における不法建設の蔓延、城中村住環境問題の根源は、インフラ整備等の公共支出、社会管理に至るまでの都市・農村を分割する二元管理体制にあることが指摘できる。

4 城中村の住環境整備事業の課題と展望

21世紀に入り、中国都市、特に大都市では、土地・空間の制約により、都市開発の重点が外延的な都市開発から既成市街地を対象とした再開発へと転換されつつある。このような背景に加え、城中村の住環境整備という観点から、「城中村改造」といういわゆるクリアランス型の再開発事業が各地で次々と行われ始めた。特に2000年代の半ば以降、城中村改造資金問題を解決するために市場の力の導入が重視され始め、初期の政府主導型・村主導型から、村と民間開発業者との連携主導型へと変化しつつある。連携主導型においては、政府は両者の連携協調のもとでの事業の促進を目指しており、現在、すでに主流の改造手法として、各地の改造事業で適用されている。本節では西安市を事例として、現行の城中村再開発の政策・手法のモデルを解明し、現行の城中村改造事業の到達点を明らかにする。

4.1 無形改造（制度上の改善）

城中村改造事業を推進・管理する際の共通の手法として、専門の政府管理機関の設置が挙げられる。西安市の場合は2006年に「市城中村改造弁公室」が設置されている。この機関を中心に各関係政府部門の協力のもと改造事業が進

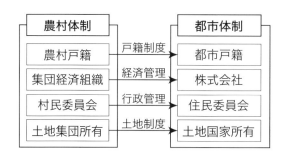

図 4.3　現行の城中村制度改革における「四つの転換」

められている。現行の城中村改造事業のモデルは、制度上の改善（無形改造）とハード面からの改善事業である再開発（有形改造）の2種類に分けて行われる。制度的アプローチは、図 4.3 に示したように「四つの転換」とも呼ばれ、城中村の管理体制を農村体制から都市体制へと変更するものである。

　四つの中でも、集団所有地から国有地への転換は、収用補償等、さまざまな問題が絡んでおり、各利害関係者の利益に関わってくるため、行政命令で簡単に完了できる他の転換と比べて難しい。しかし、前述したように国有地でないと再開発を実施できないため、西安市政府関係者へのインタビュー調査によると、集団所有地から国有地への転換が、政府主導による無形改造の最終的な目的となっている。

　また、戸籍に付随する行政サービス負担も制度改革上の大きな課題である。特に、年金、医療保険は強制加入制度となっているが、これらは村民あるいは村集団が自己負担しなければならない。西安市政府関係者へのインタビューでは、元村民の再就職が依然として難しいことから、年金、医療保険の負担が無形改造における大きな課題となっていることが指摘された。

4.2　無形改造の評価

　行政命令にもとづいた無形改造が、改造対象となった多数の城中村を短期間のうちに農村管理体制から都市管理体制へと転換させたという実績は否定できない。また、このような手法を通じて城中村の土地を市政府が入手する現行の改造事業は、従来の城中村改造方式、つまり村民に対する制度的な補償なくして城中村の土地だけを収用するものより、ある程度進歩しているものと評価できる。

　しかし、年金、就職等の福祉制度の問題点に見られるように、市政府は、行

政命令によって形式上は農村戸籍を都市戸籍に変更するものの、金銭的なサービスが関わってくるような社会保障の責任については放棄している。制度上の改善は、あくまでも城中村村民を形式上においてのみ都市市民化させるものであり、城中村の土地を入手するための手段にすぎないといわざるをえない。村長へのインタビューによると、実際には、都市戸籍に変わった村民の福祉、社会保障はもとより、元の村民委員会を組織変更した住民委員会の行政管理・運営費用まで、依然として元の村経済組織を組織変更した株式会社が負担している。このような村の財政運営の実態から見ても、以上のような制度上の改善の持つ意図が読み取れよう。

4.3　有形改造（再開発）

ハード面からのアプローチである有形改造は、住宅、道路、インフラなどの物質的・空間的な整備を指す。西安市では無形改造を実施したのち、すべての城中村を全面撤去・再開発することが有形改造の原則とされている。開発主体は、政府の審査を受けさえすれば、村政府でも、民間デベロッパーでも、それらの連合体でも可能である。写真3と写真4に、このシステムにもとづいて西安市の城中村である西何村が再開発された前後の様子を示す。以下に有形改造における各主体の役割分担をまとめる。

1　開発実施者

西安市の場合、開発実施者は再開発対象地の住民に対する従前地区での再定住住宅の供給を義務づけられている。その際、地方条例で許可されている従前の住宅の2階以下の床面積を、権利交換により1：1の比率以上で権利床として村民に提供することが義務づけられている。2階を超える部分は従前住宅の建設コストに見合う補償金を評価額で支払う必要がある。村民が転出する場合は、権利床の価値に見合う補償金を支払うことが義務づけられている。また、村の経済発展のために、村の合意を得た上で、商業開発の床の一部を城中村に移譲することも義務づけられている。

上記の義務に応じた開発実施者に対する優遇政策は以下の通りである。まず、城中村の敷地を元の村民の再定住用地と商業開発用地の二つの用途に分割した後、元村民の再定住用地は、行政割譲地として、各村民に無償で割り当てられ

写真 3　改造前の西何村（西安市）の様子（筆者撮影、2005）

写真 4　改造後の西何村の様子（筆者撮影、2010）

る。商業開発用地は、面積に応じて西安市政府に国有地使用権の譲渡金を支払うことにより一般の市街地と同じ年限の国有地使用権を得ることができるが、譲渡金は一定比率で減額されることとなっている。

2　市政府

西安市政府は上述した専門管理機関を設置するほか、城中村の再開発を推進するために、容積率緩和、国有地使用権の譲渡金の一部減額、行政管理費の一部免除、管理審査の簡潔化等のさまざまな優遇政策を提供することが主な役割である。また、民間デベロッパーの誘致、再定住住宅建設の督促、開発実施者が村民に支払う農民住宅3階以上面積の撤去補償金の事前代理補償、開発実施者と村集団との間の調整なども市政府の責任である。なお一般に、民間デベロッパーを誘致する前に、城中村周辺の市街地と同程度のインフラ施設を整備することが市政府に求められる。

当事業を通じた市政府の利益としては、「再定住用地・住宅を提供する場合、宅地は土地補償の対象外とする」という法規定により、市政府は収用補償金を支払わずに、城中村の土地所有権を集団所有から国家所有へと転換できる。加えて再定住用地以外の土地を再開発する際は、開業者から国有地使用権の譲渡金を受け取ることができる点が挙げられる。

3　村民委員会

上述したように、村集団の権利としては、市政府から無償で割り当てられた再定住用地の使用、開発実施者との権利交換で得られる再定住住宅への入居がある。また、開発業者の最終決定、再定住計画の全過程における参加、商業開発部分の一部床の無償獲得等の権利も有する。

村民委員会が代表する村集団の義務としては、農民住宅撤去への協力や、再定住用住宅への入居の際の組織化などが挙げられる。また、村民は権利交換により再定住用住宅に入居できるが、無償で割り当てられた国有地に建設される住宅においては、その用途は自己利用または賃貸のみに限られ、利用権の売買等、市場での取引は禁止されている。

4.4　有形改造の評価

1　従来手法との比較から見る現行の改造手法の評価

　従来の改造手法は政府主導によるものであり、まず、政府が村民に再定住用の住宅あるいは転出補償を提供することにより、城中村の土地を国有化する。市政府が収用した城中村の土地は、使用権を開発業者に市場価格で譲渡して譲渡金を回収する場合と、市政府が計画道路や都市広場、公園などの都市計画事業を直接実施する場合がある。このような政府主導の改造手法は、城中村が強制撤去されて村民が従前地から遠い地区に再定住させられてしまう、再定住団地の設計・建設過程で村民の参加が難しいため、村民の主な生計手段である賃貸業の経営に不向きな住宅が建設され、村民の生計が維持・向上できなくなる、などの点が問題として広く指摘されている。

　現在主流の改造事業は、少なくとも、村民の生計の問題を解決している点、物的住環境の抜本的な改善を図っている点などにおいて評価できる。また、市政府から見た利点としては、現代都市計画理念にもとづいた都市空間環境の改善、財政収入のある程度の増加、城中村改造資金の確保、特に城中村の数が多い都市の場合、巨額の収用補償金の支払いによる都市財政破綻の防止などが挙げられる。

2　潜在的問題

　まず第一に、改造による家賃上昇により借家人の所得階層が上昇し、農民工を中心とした低所得者層が元の場所に住み続けられなくなることが潜在的な問題として考えられる。この点を、まず今後の中国における都市化の進展というマクロ的な視点から考えてみる。現在、農村からの出稼ぎ労働者である農民工は、2億人いると推計されているが、都市化が今まで通りに進展していけば、今後、1500万人／年のスピードで増加していくと推定されている。しかし、このような膨大な規模の新規低所得者層の居住問題解決に対しては、都市政府は今まで機能していなかった。それに対し、城中村は、上述したように低所得者層の主要な受け皿として都市廉価賃貸住宅地の機能を果たしてきているのである。このように考えれば、借家人の所得階層が上昇してしまう点は、現行の撤去・再開発という手法の抱える大きな問題点であるといわざるをえない。

　第二に、社会学的な視点から見れば、低所得者は単なる借家人として改造事

業に参加する資格がなく、利益を得られる立場にない。そのため、改造の進展につれ、都心から離れた城中村への移住を余儀なくされ、都心に住む権利が奪われてしまうことになる。これまでは、現行の改造手法により実際に再開発が完了した城中村の数がまだ少ないため、問題は顕在化していないが、もしこのような撤去・再開発型の手法が全国で大規模に行われるならば、上記のような問題も拡大し、大きな社会問題につながる恐れがあるのではないだろうか。

また、長期的に考えれば、公式の都市廉価賃貸住宅の供給が不足する状況で、ある都市において、大量の城中村が高級賃貸住宅化されてしまうと、低所得者が他都市へ移住せざるをえなくなり、廉価労働力を失った当該都市の産業発展に陰りが出る恐れもある。

急速な都市化による都市新規低所得者の激増の状況が変わらない限り、城中村ではなくても、その受け皿としての場所が他の何らかの形式で出現するのが必然であろう。このように考えれば、今後、各主体の利益を守りながら、城中村の基本的な問題を解決した上で、その廉価賃貸住宅地としての機能を活用できるような住環境改善事業の仕組みを構築していくことが望まれる。

参考文献
・孫立、城所哲夫、大西隆（2009）「中国の都市における城中村現象に関する一考察」『都市計画報告集』No. 8, pp. 9-12
・孫立、大西隆、城所哲夫（2011）「中国都市における城中村再開発の実態に関する一考察」『都市計画論文集』Vol. 46-3, pp. 469-474
・孫立、大西隆、城所哲夫（2012）「中国都市部における『城中村』の形成背景とそのメカニズムに関する研究」『計画行政』第35巻2号、pp. 76-81
・孫立（2013）『中国城中村現状及其人居環境整治』中国建築工業出版社

第2部
南アジア

第7章 | パキスタン
イスラマバード ●

第5章 | バングラデシュ
ダッカ ●

第6章 | インド
ムンバイ ●

第 5 章 ──バングラデシュ
ダッカにおけるスラムの空間・社会・文化

ナンディニ・アワル　北原玲子

1　メガシティの貧困

1.1　都市化とスラム

　近年、開発途上国で拡大し続けている都市の多くは、ある側面では成功を収めているが、その他の側面では未解決で困難な状況を抱えている。その一つが都市に存在しているスラムである。スラムは貧困層の居住地であり、都市における貧困の集中を可視化している。その一方で、成長していく都市の経済において、スラム居住者は安価な労働力として重要な役割を果たしている。都市化とともに進行しているスラム再開発プロジェクトの多くは、単に建築・技術的な解決策を示しているのみであり、スラム居住者のライフスタイルに適した改善策が欠けている。スラムの居住環境を改善するためには、本来のスラム居住者の生活に即した空間と、スラムを取り巻く社会・文化的背景への配慮が必要である。

1.2　人口増加とスラム

　地球規模の人口増加と、それにともなう都市への人口集中は、開発途上国を中心に重大な問題となっている。他の開発途上国と同様に、バングラデシュの人口増加は急速に進んでいる。国連統計局によると、首都ダッカは2050年までに世界で5番目に大きいメガシティに成長すると予測されている。きわめて高い人口密度で形成されているメガシティは、限られた生活基盤、もしくは生活基盤の欠如から、スラムという特殊な居住環境をつくりあげている。耐久性の乏しい住宅が超高密度に集まっているスラムの居住環境は、電気、給水、排

水、ガスといった基本的な生活基盤がいまだに脆弱な状態である。都市への人口集中はスラム居住者の増加につながっており、文明的な生活を送るために必要な生活基盤が整備されないまま、スラムは拡大し続けている。

1.3　ダッカのスラム

　バングラデシュの首都ダッカは、南アジアで最も古い都市の一つであり、1971年にバングラデシュが独立する以前から、400年もの間、ベンガル地方の主要都市として機能してきた。きわめて速いペースで拡大を続けてきた結果、ダッカは2000年には世界で11番目、2010年には9番目に大きいメガシティとして、国連ハビタットに報告されている。バングラデシュ国家統計局によると、2013年時点で、バングラデシュの総人口は約1億5000万人であり、そのうちの1割以上がダッカに集中している。経済的な理由による農村部から都市部への人口流入が顕著であり、産業の集中にともない、ダッカは多くの労働力を引きつけている。特に、輸出向けの繊維・衣料産業が集中しており、縫製工場の75％以上がダッカに位置している。繊維・衣料産業は約200万人の雇用を生みだしており、衣料縫製品がバングラデシュの輸出品の約80％を占めている。ダッカに集中している産業は民間資本に限らず、国営事業も80％以上がダッカで実施されている。そうした豊かな労働力需要から、ダッカのスラム居住者の平均所得は農村部の3倍となっている。それに対して、人口集中に対応した生活基盤の整備が追いついていないため、繊維・衣料産業に従事している労働者のほとんどが、スラムもしくはスラムに近い居住環境に甘んじている。ダッカ市街部では、少なくとも人口の約50％がスラムに居住しており、そのほとんどを農村部から移動してきた労働者が占めている。

　ダッカ都市研究センター（Centre for Urban Studies, Dhaka）によると、スラムはダッカという都市の成立期から存在していたが、拡大し始めたのは1971年のバングラデシュ独立以降である。1976年時点では、ダッカ市街部に存在していたスラムは10カ所であり、スラム居住者は約1万人に抑えられていたが、1993年時点では2156カ所、約72万人に増加している。1996年時点では3007カ所、110万人を超えている。それらのスラムのほとんどは、ダッカ市街部の周縁に位置している。中心部での土地不足による地価高騰を受けて、スラム居

住者は周縁部への移動を余儀なくされており、その結果、スラムの拡大とともに拡散が起こっている。周縁部に拡散しているスラムは、特に、ダッカ市街部の北西に偏っている。ミルプール（Mirpur）を中心とした北西部には、縫製工場が多く位置しており、その周辺に工場労働者が居住するスラムが形成されている。

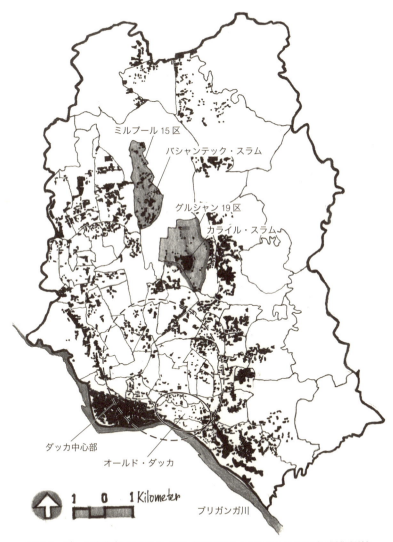

図5.1　ダッカ市街部のスラム（黒い部分はスラムまたはスラムに近い居住環境）

1.4 スラムの生活状況

ダッカ市街部の周縁に分散しているスラムは、そのほとんどが湿地帯や氾濫原など地盤が弱い敷地に位置している。排水や治水の設備が整備されていないことから、雨期には度重なる水害に見舞われており、不衛生な居住環境を生みだしている。そのため、スラ

低コスト住宅（バシャンテック・スラム）（撮影：北原玲子）

ムでは下痢症、胃痛、皮膚病、呼吸器疾患、赤痢、腸チフス、コレラ、デング熱、マラリアといった疾病が頻繁に発生しており、多くの子どもがウイルス性の急性呼吸器感染症に苦しんでいる。超高密度に建て込んでいる住宅は耐久性が乏しく、ほとんどが竹、木、ブリキ板、ポリエチレンシート、その他の廃材でつくられている。スラムの敷地内には、回収した廃材をリサイクル建材として販売している商店があり、スラム居住者はそれらの建材を用いてセルフビルドで住宅を建てている。スラム居住者の職業は工場労働者、日雇い労働者、リキシャ運転手、行商人、家事使用人が多く、少なからず無職も含まれている。農村部より収入は恵まれているが、安価な労働力として扱われているスラム居住者は、生活費が高い都市部において、家族を養うために十分な収入を得ることが困難な状況となっている。そのため、家事や家業を補うための児童労働が余儀なくされており、6歳以上10歳以下の子どもの就学率は20%以下に留まっている。スラム居住者が安全で衛生的な居住環境、安定した労働環境、最低限の教育環境にアクセスできる手段は限られている。

1.5 スラムの再開発

近年、農村部から都市部への人口流入の加速から、ダッカ市街部のスラムの拡大はますます深刻化しており、ダッカ都市開発局（Rajdhani Unnayan Kartripakkha, 以下 RAJUK）はその対応に迫られている。適切な都市計画がともなっていないことから、これまでのスラムへの取り組みは失敗に終わってきた。無

秩序に拡散しているスラムを規制しながら、数百万人ものスラム居住者を段階的に減少させていく試みは、必ずしも、スラム居住者を救い上げる効果をともなっていない状況である。RAJUKの取り組みには、スラム居住者の経済的状況に配慮しながら、希望に応じて再定住させていく方策は含まれていない。実質的に、RAJUKは強制的な立ち退きを迫ることによって、スラム居住者を排除していく状況を生みだしてきた。その後、RAJUKは2007年に強制的な立ち退きを制限することを決定しており、その対策として再開発委員会（Rehabilitation Committee）を組織している。再開発委員会は、ダッカ市街部のスラム再開発プロジェクトとして、バシャンテック・スラム（Bhashantek Slum）とカライル・スラム（Karail Slum）を指定している。バシャンテック・スラムはミルプールに位置しており、かつてスラムが広がっていた敷地を用いて、バシャンテック再開発住宅プロジェクト（Bhashantek Rehabilitation Housing Project, 以下BRP）による大規模団地が建設されている。BRPは、スラム居住者の再定住を目的とした公営住宅で構成されているが、実際にその入居者は貧困層ではなく、家賃が高騰しているダッカ中心部から移動してきた中間層となっている。BRPに入居するための家賃が払えないスラム居住者は、BRPに隣接した敷地に移動しながら、スラムの再形成を繰り返している。

BRPの公営住宅（バシャンテック・スラム）（撮影：北原玲子）

1.6　バシャンテック・スラム

　バシャンテック・スラムが位置しているミルプールは、人口の3割がスラム居住者である。ダッカ市街部で最も古いスラムの一つとして認識されているバシャンテック・スラムは、ダッカ地方政府の支援を受けて形成された初めてのスラムであり、ダッカ地方政府が提供した敷地が用いられている。バングラデシュ独立後の1973年ごろ、全国からバシャンテック・スラムを目指して多くの労働者が流入しており、その当時は現在の3倍の規模を有していた。スラム居住者は農村部で失業した労働者が中心であり、その多くがスラム周辺に集まっている縫製工場で仕事を得ている。形成された当初はダッカ地方政府の後押しがあったが、その後の政権交替や政策変更にともない、スラム居住者は数回に渡って立ち退きを迫られている。立ち退いてからしばらく別の場所に住んでいたスラム居住者が、再びバシャンテック・スラムに戻るなど、規模の拡大と縮小を繰り返している。ダッカ都市研究センターによると、2006年時点で、バシャンテック・スラムには5万1038人、2万9791世帯が居住している。ダッカ市街部の他のスラムと比べて、バシャンテック・スラムはダッカ地方政府所有の比較的恵まれた敷地であり、2004年と2007年に起こった大洪水の時でも浸水していない地域に含まれている。

1.7　カライル・スラム

　カライル・スラムが位置しているグルシャン (Gulshan) は、人口の2割がスラム居住者である。グルシャンは高級なショップやレストランが集まっている商業地として有名である。カライル・スラムはダッカ市街部で最も大きいスラムの一つであるが、商業地に隣接しているため、バシャンテック・スラムより電気や給水といった生活基盤が比較的整っている。グルシャンにはボナニ湖とグルシャン湖が位置しており、ボナニ湖沿いに形成されているカライル・スラムは、毎年のように洪水に見舞われている。スラム居住者は、ボナニ湖を横断する水上バスを利用して就労先に移動している。カライル・スラムはグルシャンの商業地が形成され始めた1980年代に拡大しており、ダッカ中心部での就労機会を求めて労働者が集まっている。ダッカ都市研究センターによると、2006年時点で、カライル・スラムには10万7700人、2万480世帯が居住している。

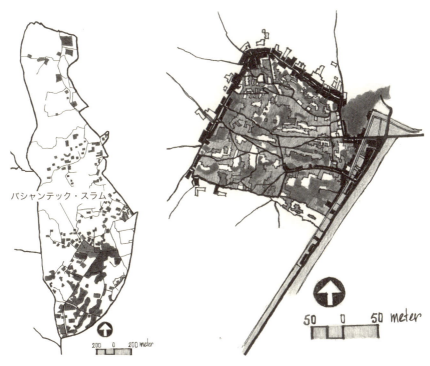

図 5.2 ミルプール 15 区のスラム　　図 5.3 バシャンテック・スラムの区域図
（■＝スラムまたはスラムに近い居住環境）

バシャンテック・スラム（撮影：北原玲子）

第 5 章　ダッカにおけるスラムの空間・社会・文化

図 5.4 グルシャン 19 区のスラム　　　　図 5.5　カライル・スラムの区域図
(■＝スラムまたはスラムに近い居住環境)

カライル・スラム（撮影：ナンディニ・アワル）

2　スラムの空間と社会

2.1　低コスト住宅の空間と生活

　貧困の集中を可視化しているスラムで、肯定的な要素を見つけるのは困難であるが、一つ一つの住宅における空間的特徴には、スラムの居住環境を改善す

るための工夫やアイデアが満ちている。スラムの住宅は廃材を中心とした安価な建材を用いて、セルフビルドで建てられているため、建設コストはきわめて低く抑えられている。そうした低コスト住宅は、縫製工場を中心とした労働者の生活拠点でありながら、それと同時に、さまざまな業種の小規模ビジネスの拠点として機能している。同じ農村部から移動してきた労働者の家族や親族が経営している副業的な小規模ビジネスによって、スラム居住者は生活必需品のほとんどをスラムの中で調達できている。限られた空間を有効に用いた低コスト住宅とその機能の多様性が、スラムの持続可能性に結びついている。

2.2　オープンスペースの役割

　超高密度の限られた空間の中で、日常的な家事や家業、副業的な小規模ビジネスを営んでいくために、スラム居住者はオープンスペースの有効利用を図っている。分棟式の住宅で囲まれている中庭、住宅の周りの通路や路地、あらゆる隙間を用いてオープンスペースが形成され、多種多様な生活機能を満たしている。スラム居住者は密集している近隣との関係性に配慮しながら、狭小な生活空間を補うためのオープンスペースを整えており、オープンスペースでの共同作業や情報交換が小規模ビジネスの発展につながっている。低コスト住宅を取り巻くオープンスペースには、都市の居住環境が必要としている住宅の複合性、生産性、社会性にとって欠かせない空間的要素が含まれている。

　小規模な居住単位で共有されている低コスト住宅のオープンスペースには、個々の住宅に設けられている中庭（コート）や玄関（ドアステップ）、住宅の敷地内外に設けられている鉄管井戸（チューブウェル）が含まれている。低コスト住宅で営まれている小規模ビジネスを支えているのは、自宅で過ごしている時間が多い女性や子どもであり、オープンスペースを用いた共同作業の担い手となっている。特に、家事や育児のために自宅に留まっている女性は、自らの社会性を維持するためにオープンスペースでの相互交流を必要としており、小規模ビジネスのための共同作業や情報交換に加えて、日常的な家事作業を互いに補い合っている。

2.3 低コスト住宅の空間構成

低コスト住宅は、用途の複合性、居室の可変性、オープンスペースの有無、増築の有無などに空間的特徴が見られ、スラム居住者の生活状況によって異なっている。バシャンテック・スラムの35戸、および、カライル・スラムの25戸の住宅事例から、所有形態、家族構成、居室とオープンスペースの状況にもとづいて、低コスト住宅を10種類の住宅タイプに分類した（表5.1）。

住宅の用途の複合性、居室の間仕切りによる可変性、オープンスペースの設置状況、水平あるいは垂直に拡張している増築状況が、低コスト住宅の特徴となっている。変化していく家族構成や来客に対応した空間を設ける、賃貸部分や商店を備えることによって収入を得るなど、用途や機能に合わせて調整している。バシャンテック・スラムとカライル・スラムから特徴的な四つの事例を取り上げ、低コスト住宅の空間構成、動線、住まい方について見ていく。

事例1　多機能な玄関を備えた住宅（カライル・スラム）

間仕切りで分けられた二つの寝室は、以前は、出入口側が台所、奥が寝室として使われていた。子どもが増えたことによってもう一つ寝室が必要となり、中庭側に玄関を増築して台所を移動させて、子ども用の寝室を増設している。増築した玄関は、台所以外に、生活用具や織物を収納するための空間となっている。ブリキ板が張られている外壁の下地となっている竹材が、物品を収めるための棚や竿として用いられている。もともと台所だった寝室の天井には、竹材を掛け渡している部分があり、調理器具を収納するための小屋裏として使われている（図5.6）。

事例2　可変的な客用空間を備えた住宅（バシャンテック・スラム）

中庭を囲んで、母屋の寝室、別棟の台所と便所が設けられている。台所として建てられた別棟は、中庭側に玄関を増築して、奥の台所を寝室に変更している。別棟の玄関は、増築当初は台所としてのみ使われていたが、子どもが独立した後に、ベッドを配して客用空間を併設している。母屋には親家族、別棟には子ども家族が住んでおり、台所、中庭、便所を共有している。別棟の玄関は簡易な壁で囲われており、中庭を含めて、家事作業のための空間として確保されている（図5.7）。

表 5.1　低コスト住宅の分類

住宅タイプ	所在地	配置図	平面図
A. 持ち家住宅（単一世帯家族）	・バシャンテック・スラム ・主要な市場から離れている ・小規模な通路の行き止まりに位置している ・周りは住宅に囲まれている		
B. 賃貸部分を備えた持ち家住宅（複数世帯家族）	・カライル・スラム ・中央商業ゾーンや商業混合ゾーンから離れている ・小規模な路地の脇に位置している ・周りは住宅に囲まれている		
C. 商店を備えた持ち家住宅	・カライル・スラム ・中規模な通路の脇に位置している ・2方向からアクセスできる		
D. 貸し家住宅	・バシャンテック・スラム ・主要な市場の中に位置している ・市場の通路から直接アクセスできる ・周りは商店と住宅に囲まれている		
E. 多機能な玄関（ドアステップ）を備えた住宅 （事例1）	・カライル・スラム ・共用の溜め池に沿ってアクセスできる ・小規模な路地の行き止まりに位置している		

［凡例］
- D (doorstep)　：玄関（ドアステップ）
- G (guest space)　：客用空間（ゲストスペース）
- P (prayer room)　：礼拝室（プレイヤールーム）
- R (room)　：寝室（ルーム）
- T (toilet)　：便所（トイレ）
- St (storage)　：倉庫（ストレージ）
- C (court)　：中庭（コート）
- W (tube-well)　：鉄管井戸（チューブウェル）
- Cs (cattle shed)　：牛小屋（キャトルシェッド）
- K (kitchen)　：台所（キッチン）
- V (veranda)　：縁台（ベランダ）
- S (shop)　：商店（ショップ）

表 5.1（続き）

住宅タイプ	所在地	配置図	平面図
F. 多機能な中庭（コート）を備えた住宅	・バシャンテック・スラム ・商業混合ゾーンの通路の脇に位置している ・主要な広場からアクセスできる ・周りは住宅と商店とリキシャガレージに囲まれている		
G. 可変的な客用空間（ゲストスペース）を備えた住宅 **（事例2）**	・バシャンテック・スラム ・主要な市場の中に位置している ・市場の通路から直接アクセスできる ・周りは商店と住宅に囲まれている		
H. 鉄管井戸（チューブウェル）を備えた住宅 **（事例3）**	・バシャンテック・スラム ・共用の溜め池に沿ってアクセスできる		
I. 水平に増築している住宅 **（事例4）**	・バシャンテック・スラム ・主要な市場から離れている小規模な路地の脇に位置している		
J. 垂直に増築している住宅	・カライル・スラム ・中規模な市場に位置している ・市場の通路からアクセスできる ・周りは商店に囲まれている		

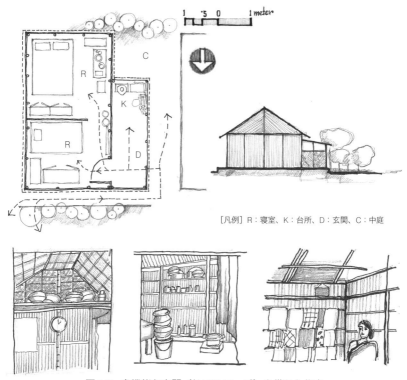

[凡例] R：寝室、K：台所、D：玄関、C：中庭

図 5.6　多機能な玄関（ドアステップ）を備えた住宅

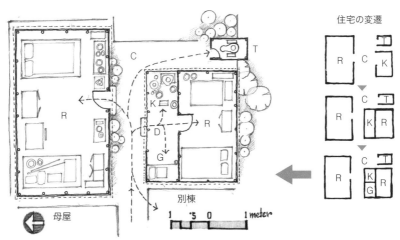

住宅の変遷

[凡例] R：寝室、K：台所、D：玄関、T：便所、G：客用空間、C：中庭

図 5.7　可変的な客用空間（ゲストスペース）を備えた住宅

第 5 章　ダッカにおけるスラムの空間・社会・文化

事例 3　鉄管井戸を備えた住宅（バシャンテック・スラム）

寝室となっている母屋には、玄関が増築されており、台所が併設されている。中庭の代わりに、共用の鉄管井戸が設けられており、調理や洗濯などの水仕事を中心に家事作業の拡張を担っている。また、鉄管井戸の水場はオープンな沐浴の場となっており、女性は服を着たまま水を浴びている。母屋に加えて牛小屋が設けられており、鉄管井戸の水場から、牛を飼育するための水がまかなわれている。女性は家事や家畜の面倒を見ながら、鉄管井戸の周りで1日の大半を過ごしており、水場を共有している近隣との共同作業や情報交換、自宅に留まっている女性や子どもの相互交流にとって欠かせない空間となっている（図5.8）。

共用の鉄管井戸と中庭（撮影：ナンディニ・アワル）

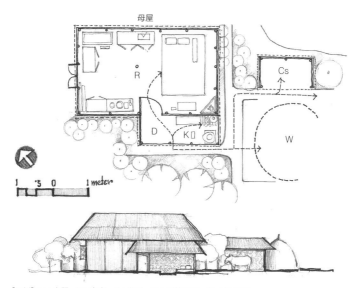

[凡例] D：玄関、R：寝室、K：台所、W：鉄管井戸、Cs：牛小屋

図 5.8　鉄管井戸（チューブウェル）を備えた住宅

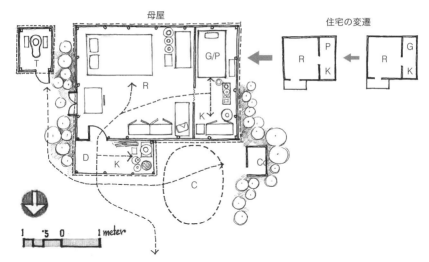

[凡例] D：玄関、R：寝室、K：台所、T：便所、G：客用空間、P：礼拝室、C：中庭、Cc：鳥小屋

図5.9　水平に増築している住宅

事例4　水平に増築している住宅（バシャンテック・スラム）

　寝室と台所がある母屋、便所と鳥小屋が別棟で設けられている。母屋では、出入口側に寝室、奥に台所が位置しており、もともと台所には礼拝室が併設されていた。後に、礼拝室にはベッドが追加されており、客用空間としての機能を兼ね備えている。可変的な客用空間としては、事例2と同じ位置づけになっているが、この事例は母屋の奥に設けられているため、中庭に向かって拡張できない形となっている。その代わりに、増築した玄関には簡易な壁に囲まれた台所が設けられており、奥の台所と使い分けられている。玄関に設けられている台所は、事例2と同じく、中庭と一体的に用いられており、家事作業のための空間として拡張されている（図5.9）。

3　スラムの空間と文化

3.1　低コスト住宅の建材と配置

　スラムの低コスト住宅は、費用がかからない建材を用いて、短期間で簡易に建てられている。その実行可能でかつ持続可能な方法は、貧困層が住宅を維持

していくための手段となっている。スラムで入手可能な建材は地域によって異なっており、低コスト住宅の建設手法や形状に影響を及ぼしている。また、高温多湿で雨期が長い気候の影響も大きく、低コスト住宅の建材や形状を特徴づけている。低コスト住宅の外壁と屋根には、波形のブリキ（ティン）板が多く用いられている。内壁を中心としたその他の壁には、麦藁（ストロー）、黄麻（ジュート）、竹（バンブー）、泥（マッド）、壁紙（シート）が使われている。室内の床は泥で塗り固められている。

　建材の他にも、多くの文化的要素が、住棟や居室の配置に影響を及ぼしている。たとえば、イスラム教徒とヒンドゥー教徒の住宅では、宗教上の理由から、母屋の中で寝室は南側に位置しており、台所は西側に面している。加えて、ヒンドゥー教徒の住宅では、便所と牛小屋は母屋と別棟で設けられている。台所が別棟で設けられている場合もあり、乾季には屋外の中庭で調理作業が行われている。バングラデシュの北部と中西部の一般的な住宅では、内庭と外庭が設けられている。南部では、池（ポンド）が住宅の主要部分であり、食器洗い、洗濯、沐浴、魚の養殖など種々の用途に使われている。住宅の敷地は、日差しや暴風雨から住宅を守り、目線を遮ってプライバシーを確保するために常緑樹で囲まれている。また、敷地の境界線を示すために、境界上には背の高い樹木が用いられている。スラムの低コスト住宅では、出身地の住宅のように周りに樹木を植えるゆとりはないが、狭い敷地の中でも住棟や居室の配置、中庭の設置などに工夫が見られる。

3.2　生活と労働の空間

　さまざまな機能を兼ね備えた中庭は、屋外で過ごす時間が多い乾季を中心に、低コスト住宅の中で最も重要な役割を果たしている。食材の下ごしらえや調理、洗濯物干し、雑談や休憩などあらゆる生活行為が営まれている。スラム居住者は、日々の家事作業をすべて共同で行っているわけではないが、小規模な居住単位で作業空間を共有している。冠婚葬祭や宗教行事のために伝統料理を共同でつくる場合が多く、共有している中庭や鉄管井戸の水場が共同作業を行うための空間として確保されている。

　スラム居住者は、食料品、衣服、家具、生活用品など、家事作業に用いられ

る生活必需品のほとんどを、スラムの敷地内にある市場で購入している。市場は商品を購入するためだけの場所ではなく、スラム居住者自身が収入を得るための重要な労働拠点となっている。スラム居住者は自宅から徒歩や公共バスで移動できる場所での就労を望んでいる。特に、行商人やリキシャ運転手は徒歩で移動可能な場所で就労先を見つけている。スラム居住者は、就労先への移動距離や移動手段を考慮して、スラムを居住地として選んでおり、安価に生活を営んでいくための方法として職住近接を実現している。

3.3 相互扶助の仕組み

スラム居住者は近隣との関係を重要なものと認識しており、限られている地域資源を互いに補い合うため、相互扶助の仕組みをつくりだしている。スラムで低コスト住宅を建てる場合は、専門の大工を雇えないため、建て主の家族や親族、近隣との共同作業によるセルフビルドが一般的である。スラム居住者は専門的な知識や技術が足りない状況の中でも、近隣のサポートを得ることによって、自ら市場の商店で建材を調達し、自ら低コスト住宅を建てることを可能としている。スラムの厳しい居住環境で生活していくためには、近隣の助けが必須であり、そうした相互扶助の関係性がコミュニティ意識の形成につながっている。

4 スラムの持続可能性

4.1 小規模ビジネスの役割

スラムには小規模で多種多様なビジネスチャンスが溢れており、農村部から就労機会を求めて移動してきた労働者にとって貴重な拠り所となっている。スラムの居住環境は必ずしも恵まれたものではないが、狭小な低コスト住宅でさえ、その一部を賃貸にしたり、商店を設けたり、小規模ビジネスの拠点にすることによって収入を生みだしている。たとえば、スラムの商店で建材を購入したり、住宅をセルフビルドで建設したり、定期的に住宅を修繕したりする行為は、特別な訓練を受けていないスラム居住者にも就労機会を与えることができる。近隣との相互扶助は、生活手段を共有していく仕組みを形づくり、小規模

建材の商店(バシャンテック・スラム) (撮影:北原玲子)

ビジネスの発展につながっている。

4.2 スラム改善の考え方

スラムを適切な居住環境として改善していくことは喫緊の課題であり、増加していく貧困層を収容するために、安全で衛生的な住宅を整備していく必要がある。スラムに欠如している生活基盤の整備と並行して、スラムの撤去と公営住宅への建て替えがRAJUKによって実行されているが、現状のスラムの低コスト住宅、スラム居住者の生活状況を踏まえると、スラム再開発プロジェクトの計画や設計には以下の点を考慮する必要がある。

- スラム居住者のライフスタイル、家族構成、就労形態、生活圏に配慮する
- 住宅のプランには、スラム居住者が小規模ビジネスを展開するための可変的な空間を設ける
- 住宅の建材は、スラム居住者が手軽に購入できて、簡単に修繕できる材料を用いる
- 小規模な居住単位での相互扶助の仕組みを維持するために、スラム居住者が共同作業や相互交流を行うための多機能なパブリックスペースを設ける

また、スラム再開発プロジェクトに対するスラム居住者の理解を促すためには、以下の点に配慮して、計画や設計を進めていく必要がある。

- 計画や設計の提案には、スケッチやアニメーションのような形で、専門的な教育を受けていないスラム居住者でも理解しやすい方法を用いる
- 画一的な提案ではなく、それぞれのスラム居住者の生活状況に応じて選択肢を設ける
- 計画や設計の段階からスラム居住者の参加を促して、セルフビルドによる住宅の建設や修繕に結びつける

高密度な都心部における住宅地の整備に関して、RAJUKは以下の点に配慮し

商店併用の住宅(カライル・スラム)
(撮影:ナンディニ・アワル)

中央商業ゾーン(カライル・スラム)
(撮影:ナンディニ・アワル)

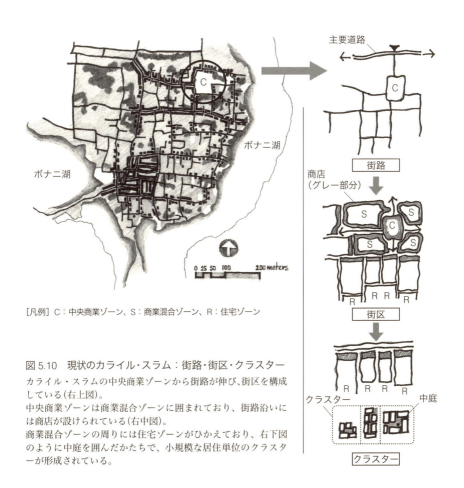

[凡例] C:中央商業ゾーン、S:商業混合ゾーン、R:住宅ゾーン

図5.10 現状のカライル・スラム:街路・街区・クラスター
カライル・スラムの中央商業ゾーンから街路が伸び、街区を構成している(右上図)。
中央商業ゾーンは商業混合ゾーンに囲まれており、街路沿いには商店が設けられている(右中図)。
商業混合ゾーンの周りには住宅ゾーンがひかえており、右下図のように中庭を囲んだかたちで、小規模な居住単位のクラスターが形成されている。

て、スラム再開発プロジェクトを進めていくべきである。
・人口密度、地盤、気候に応じた土地利用、住宅の計画、設計、建設をする

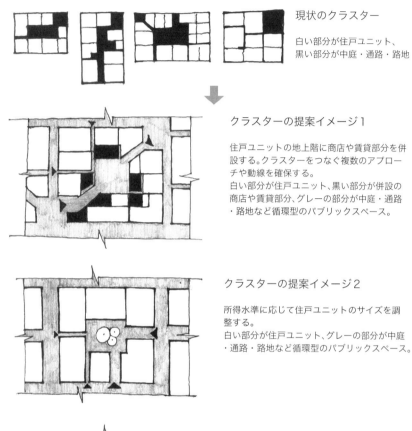

現状のクラスター

白い部分が住戸ユニット、黒い部分が中庭・通路・路地

クラスターの提案イメージ1

住戸ユニットの地上階に商店や賃貸部分を併設する。クラスターをつなぐ複数のアプローチや動線を確保する。
白い部分が住戸ユニット、黒い部分が併設の商店や賃貸部分、グレーの部分が中庭・通路・路地など循環型のパブリックスペース。

クラスターの提案イメージ2

所得水準に応じて住戸ユニットのサイズを調整する。
白い部分が住戸ユニット、グレーの部分が中庭・通路・路地など循環型のパブリックスペース。

クラスターの提案イメージ3

地上階のパブリックスペースとして共用の家庭菜園を設ける。
白い部分が住戸ユニット、グレーの点線部分が共用の家庭菜園、グレーの部分が中庭・通路・路地など循環型のパブリックスペース。

図5.11　クラスターの提案イメージ

ために建築法規を整備する
- 職住近接を重視しているスラム居住者は生活圏が限られており、居住地から就労先までの移動距離や移動手段を重視しているため、建て替えにともなう強制的な立ち退き、遠距離の移動をともなう再定住は避ける

　スラム居住者の生活を維持しながら、スラム再開発プロジェクトを進める方法として、既存の街路や街区をゾーニングに利用することが考えられる。スラムの中心的な役割を果たしている市場を、地域施設や商業施設が集まった中央商業ゾーンとして設定して、その周りに商店と住宅が混在している商業混合ゾーンを設ける。市場を囲んでいる住宅ゾーンでは、商業混合ゾーンに接している部分に商店併用住宅を設けるなど、既存の街路や街区を活かしてゾーニングを計画する方法がある。住宅ゾーンには小規模な居住単位でクラスターを設けて、スラム居住者の相互扶助を維持していくためのコミュニティ形成につなげていく。

4.3　低コスト住宅の改善

　2節の住宅事例から、小規模な居住単位のクラスターとして、水平および垂直に拡張可能なタイプ、および、間仕切りが可変的なスケルトンタイプの住戸ユニットの組み合わせが考えられる。中庭を囲んで、別棟で設けられた住戸ユニットが一つのクラスターを形成する。いずれの住戸ユニットも、スラム居住者の多様なニーズに対応して、増築や改築ができる柔軟性を持ち合わせるように配慮する。クラスターを構成する住戸ユニットの大きさや組み合わせは、家族構成や労働形態に応じて異なるものとし、それぞれのクラスターの中で貸家

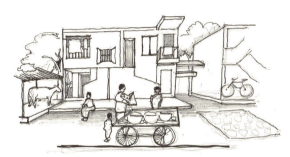

図 5.12　住戸ユニットの提案イメージ

住宅や商店併用住宅を複合的に配置していく。

　住戸ユニットの空間は、スラム居住者のニーズに合わせて可変的な住まい方ができるように配慮する。地上階には、建設や修繕の費用をまかなうために、共用の台所と便所、併設の商店や賃貸部分を設置する。住戸ユニットに囲まれた中庭、クラスターをつなぐ動線として用いられる通路や路地などのオープンスペースは、コミュニティ形成を促すための空間として共有していく。

4.4　これからのスラム再開発

　現在、RAJUK がスラム居住者の再定住のために供給している公営住宅は、長いスパンで居住者を支援していく仕組みが考慮されておらず、入居対象者であるスラム居住者を排除していく結果となっている。BRP のように、地上 6 階建て鉄筋コンクリート造の集合住宅で、約 20 m^2 の住戸ユニットが画一的に並んでいる公営住宅は、スラム居住者のライフスタイルに適したものではなく、住戸の広さ、プライバシー、セキュリティ、採光、換気、近隣との関係が以前より悪化していると、入居者から評価されている。スラム居住者が必要としている住宅は、完成されたものではなく、必要に応じて手を加えていくものである。スラム居住者は自由に空間を拡張したり、住まい方を調整できるような柔軟性を住宅に求めている。ただ現状としては、スラムの居住環境は安全面や衛生面で多くの問題を抱えており、RAJUK のような地方行政がスラムの再開発を主導していく必要がある。これからのスラム再開発プロジェクトには、生活基盤の整備による安全や衛生の確保に加えて、低コスト住宅の可変性、オープンスペースの多機能性を、公営住宅の住棟プランや住戸プランに取り入れていく試みが必要である。そうした試みが、結果的に、スラム居住者を救い上げるという本来のスラム再開発の意義につながっている。

参考文献
- UN-HABITAT (2003), *Slums of the World: The face of urban poverty in the new millennium?*
- Centre for Urban Studies, Bangladesh (1996), *Survey of Slum and Squatter Settlements in Dhaka (Final Report)*, Urban Poverty Reduction Project, pp. 11

第6章 ──インド
ムンバイ・ダラービーの社会生態空間

鳥海陽史　城所哲夫

1　社会生態空間の捉え方

　本章ではインフォーマル市街地の空間的特質を捉えるために、住民間の社会的関係性が自生的に生成・進化する様態を社会生態、その社会生態が展開される場を社会生態空間と定義し、分析概念として用いる。インフォーマル市街地の特質は、公的な土地権利なしで、また基本的に政府やデベロッパーによる計画や整備という外的形成要因なしに、住民自らの手で自生的に過去数十年という比較的短い時間の中で形成されてきた点にある。このような性格を持つインフォーマル市街地では住民間の社会的関係性が色濃く営まれ、社会生態空間が発達している。これらの特質の多くは、大規模再開発によっては容易に生みだすことが難しいものであり、逆にいえば、インフォーマル市街地を杓子定規に再開発してしまうことで損なわれてしまい、地域社会の崩壊へとつながる危険性も高い。むしろ、インフォーマル市街地だからこそ生みだすことのできた精妙で魅力的な社会生態空間を活かしつつ、住環境の改善を漸進的に進めていくことが望ましく、また、可能なのではないだろうか。

　以上のような問題意識のもとで、本章では、インド最大の都市ムンバイに立地するインフォーマル市街地であるダラービー（図6.1参照）を事例として、その社会生態空間の生成の実態を、住民間の社会的関係性の生成・進化に直接的に関わる場である、住民間の交流空間の生成に着目して分析し、インフォーマル市街地の改善における漸進的な取り組みを進めていく上で前提となる社会生態空間の特質について検討していきたい。

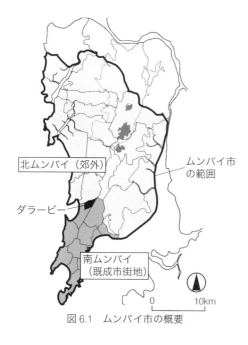

図 6.1 ムンバイ市の概要

　国連統計によれば、経済発展の進むインドの都市人口は、2014 年の 4.1 億人（都市化率 32%）から 2050 年には 8.1 億人（都市化率 50%）へと 2 倍に膨れ上がることが予想されている。中でも、インドの経済中心であるムンバイ市の人口は、1971 年の 597 万人から、2011 年には 1248 万人へと 2 倍強、ムンバイ大都市圏では、同期間に 766 万人から 2225 万人へと 3 倍弱増大し、世界でも最も急速に人口が増大している大都市圏の一つとなっている。一方で、インフォーマル市街地居住者が都市人口の 5 割を占めると推計されており、中でも本章が対象とするダラービー地区は、インド最大のインフォーマル市街地である。

2　インフォーマル市街地形成の制度的要因と改善策

2.1　インフォーマル市街地形成の制度的要因

　ムンバイの都市計画制度は、マハラシュトラ州計画法で規定されている。広域的計画としては、大都市圏計画として、州組織であるムンバイ大都市圏開発公社（MMRDA）の策定する「地域計画」（Regional Plan）がある。地域計画は、今までに 1973 年計画と 1996 年計画が策定されており、現在、新計画策定作業中である。1996 年計画は、ムンバイ大都市圏全体（面積 4329 km²）を、開発地域（地域内を 5 ゾーンに区分）と保護エリア（同 5 ゾーン）に区分し、開発を促進あるいは容認する地域と開発を厳しく規制する地域に分けている点に特徴がある。開発地域については、開発規制の根拠となる「開発計画」（Development Plan）ならびに開発規制 (Development Control Regulations) を、州政府の

認定する計画行政庁（Planning Authority）が定め、個別開発を計画許可制度により規制する仕組みである。ムンバイの場合、ムンバイ市（Municipal Corporation of Greater Mumbai, 面積 438 km^2）が計画行政庁として認定されており、開発計画ならびに開発規制、計画許可（Planning Permission）の運用を行っている。ムンバイでは、開発計画は現在までに 1964 年計画と 1991 年計画の 2 回策定されている。91 年計画を見ると、九つの土地利用ゾーニングが指定されているが、最大の特徴は、市中心部を含む既成市街地 133％、郊外部 100％、周辺地域 50％ときわめて低い容積率を指定し、都市開発を抑制することが志向されてきた点にある。

　この著しく低い容積率指定の他にも、極端な開発抑制を招いた悪名高い法制度として、中央政府により、1980 年代以前の社会主義的な政権運営時代に策定された市街地土地所有制限法（Urban Land Ceiling and Regulation Act）と家賃制限法（Rent Control Act）がある。1976 年に制定された市街地土地所有制限法は、個人の土地（空き地）所有上限（ムンバイでは 500 m^2）を超える土地を国が強制的に買収し、都市開発用地として供給する制度であるが、国による強制的買収を無効とする訴訟が頻発した結果、多くの土地が凍結状態となった。たとえば、ムンバイ大都市圏では、4386 ha の土地が取得される予定であったのが、実際に取得され、供給された土地は 243 ha のみであった（MMRDA, 1996）。この結果、実質的に新規の宅地供給が大きく制限されてしまう事態を招いたのである。中央政府は 1999 年になってようやく同法を撤廃したが、ムンバイのあるマハラシュトラ州政府では同法にもとづく州法の撤廃はさらに遅れ、2007 年になってようやく同制度は撤廃されるに至った。一方、1948 年に制定された家賃制限法は初期賃料からの賃料値上げを制限する制度であり、この結果、当時の賃料で凍結されてしまった既成市街地の多くのアパートでは、再建・修繕しても賃料が変更できないことから、老朽化・不良住宅化が進むなど、新規賃貸住宅投資への意欲を著しく削いでしまう結果となった。現在では法改正が進み、新規建設賃貸住宅については家賃規制の緩和が進んでいるものの、民間賃貸住宅市場の供給不足を招く大きな要因となっている。他にも、既成市街地内に広大な面積を占める多くの繊維工場跡地の再開発が長らく凍結されていたことも含め、社会主義的な政策のもとで、実態として、フォーマルな土地・住宅供給

が著しく制限されてきたのがムンバイにおける都市政策の特徴であったといえる。

　しかし、実際には、都市化抑制を志向した市当局の思惑に反して、この間、ムンバイ市では、上述したように急速な都市化が進行した。フォーマルな土地・住宅供給が政策的に制限されている中での急激な人口増（農村からの流入人口の増大）が何をもたらすかは明らかであり、居住の制限された緑地地域、沿岸地域、湿地帯、あるいは道路沿い地区などへのインフォーマル市街地が急速に拡大することになる。この結果、ムンバイは、インドの大都市の中でも最もインフォーマル市街地居住人口の多い都市となり、上述したように、ムンバイ市の都市人口の約50％が、生活環境の整っていないインフォーマル市街地に居住していると推測されている。

表6.1　ムンバイにおけるインフォーマル市街地改善政策の変遷

年	制度・事業名	内容
1971	スラム地区法 (Slum Areas Act)	州法。不法占拠のもとにある居住環境の劣悪な地区を州政府がスラムとして認定する。スラムとして認定されると居住者の追い立てができない。
1972	スラム整備プログラム (Slum Improvement Program)	中央政府支援事業。水、トイレ、排水、電気などのサービスの提供。多くのスラムで一定のサービスの改善がなされたものの、抜本的な生活環境の改善には至っていない。
1975	マハラシュトラ州空き地法 (Maharashtra Vacant Lands Act)	州法。この法律により指定されたスラムは空き地として強制撤去の対象となる。政府は居住者に代替住宅を提供する。
1985	低所得者層住宅プログラム (Low Income Group Shelter Program)	世銀の支援によるサイト・アンド・サービス事業。土地供給が十分になされず、実施は限定的。1995年に事業終了。
1985	スラム改善プログラム (Slum Upgrading Program)	世銀支援事業。スラム整備プログラムの後継事業。借地権・住宅ローンの付与が事業に加えられた。1995年に事業終了。
1991	スラム再開発制度 (Slum Redevelopment Scheme)	91年開発計画とともに改正された開発規制により導入。住民の7割以上の賛成のもとで、民間所有地においてスラム地区を再開発する場合、容積率が250％まで緩和される。居住者は元の土地で賃貸住宅が提供され、余剰容積をデベロッパーが利用できる。
1995	スラム再建制度 (Slum Rehabilitation Scheme)	95年の開発規制改正により導入。デベロッパーは地域外に再定住アパートを確保でき、元の土地では、住民再定住必要床面積の平均2倍の容積を新たに付与される。場合によっては、他地区への容積率移転も認められる。

主としてRisbud (2003) を参考に整理

2.2　インフォーマル市街地の改善政策の変遷

　インフォーマル市街地の拡大を受けて、ムンバイにおいても1970年代以降、表6.1に示すように、さまざまな改善政策が実施されてきた。表から分かるように、1970年代、80年代においては、基本的にセルフ・ヘルプ・アプローチのもとで、既存スラム（本書の文脈ではインフォーマル市街地）における最低限の生活インフラ整備が目的とされていた。しかし、1990年代以降、市場アプローチのもとで、容積率の緩和・移転により、民間デベロッパーの参入を促しつつ、インフォーマル市街地の再開発を積極的に進める方向へと向かっている。ただし、再開発には住民の70％以上の賛成が必要なため、必ずしも順調に進んでいるわけではない。また、住民に提供される再定住アパートは、住戸面積も通常22.5 m^{2}と狭小である上、住棟間隔も著しく狭い。また、インフォーマル市街地では住宅内あるいは地区内で商売・手工業を営む人が多いが、移転によりこれらの人々は職を失う場合が多いことや、昔の職場近くへ戻るために再定住アパートを転売するなど、多くの問題がある。

3　ダラービーの社会空間の特徴

3.1　ダラービー地区の概況

　対象とするダラービー地区は、面積2.16 km^{2}の地区に約60万人が居住していると推定される、インド最大のインフォーマル市街地である。ダラービーでは、すでに政府による施策がさまざまに実施されており、住民自らが建設した「スラム」と呼ばれるもともとの住宅地区の中に、「チョール」と呼ばれる政府によるスラム改善政策によって提供された住宅、さらには再開発により建設された、中高層の再開発アパートが混在している。生活インフラが整備されている再開発アパート以外の地区の生活インフラの整備状況について、州政府スラム再建庁（Slum Rehabilitation Authority）より提供されたデータをもとに整理すると、トイレについては、ほぼすべての世帯が共有トイレを使用、水道は個別の蛇口を利用している世帯が約25％、それ以外は共用蛇口の利用となっている。ただし、水道は午前中のみの供給である。一方、電気は比較的整備が進んでおり、約80％の世帯が直接購入している。このように、生活インフラの整備は著しく

写真1　ダラービーの活気溢れるストリート

遅れている状況にあることが分かる。

　このような状況の中で、現在、市場アプローチ政策のもとで、ダラービー地区は、特例として容積率400%の再開発が認められ、民間デベロッパーによりダラービー地区全域を対象とする大規模再開発プロジェクトが政府、住民に提案されている。しかし、ダラービーは、いわゆるスラムという呼称からイメージされる沈滞した地域ではまったくなく、実に活気あふれる地区であり、商業のみならず、服飾、皮革製品、金属加工などの零細企業が集積する一大産業地区でもある（写真1）。

3.2 棲み分けと共生の論理

　国土が広大で複雑な歴史的支配構造を有するインドには、多様な宗教と固有の言語を有するさまざまな地域が存在する。インド全土からの移住者を受け入れてきたダラービーは、まさにインドの縮図（しかも高密度）ともいうべき地域である。インフォーマル市街地・ダラービーでは、いかにして、人々は共生

の仕組みをつくりあげてきたのであろうか。

　この点について、マハラシュトラ州スラム再建庁から詳細なデータの提供を受けることのできた地域について見てみると、ヒンドゥーとムスリムの人々は、互いに混在を避けつつ、それぞれのコミュニティを形成していることがわかる。また、各コミュニティは宗教および出身地・言語を基にしたおおむね 50 〜 200 世帯からなる宗教組合を構成しており、この宗教組合はおおむね路地空間内で完結しているため、基本的に商店街の存在する幅員 6 m 程度の街路を越えて広がることはない。組合は毎月数十〜数百ルピーの積立金を徴収し、祭事や路地空間内の維持管理費に充てており、組合内の団結を強める要因として働いている。

　また、出身州についても、宗教分布とも重なりつつ、ヒンディー語主体の北方州出身者（ウッタル・プラデーシュ、ビハール等）、マラーティー語が母語である地元のマハラシュトラ州出身者、タミル語等を母語とする南方州出身者（主としてタミル・ナードゥ）間での一定の棲み分けがなされている。

4　ダラービーにおける交流の場の生成と特徴

4.1　住民間交流の場の類型

　一般に、土地権利を持たず、居住の権利の不安定なインフォーマル市街地では、生活インフラ・サービスの整備や再開発圧力にともなう住民追い立てに対する対抗などのために住民間の結束と親密な関係性の維持が重要となる。また、インフォーマル市街地は、住宅が狭小であり、かつ政府による公共空間の整備も十分には期待できないという条件の中にあり、このため、住民自らが住民間の関係性を維持するための場を形成・維持していく必要に迫られている。

　このような観点から、特に住民間の交流の場に着目し、その特性を把握することで、棲み分けと共生のための場の仕組みについて検討する。そのために、まず第一ステップとして、調査協力者の住民にヒアリングしつつ、地区内で実際に人々が集まっている場所の観察調査を行った。観察調査は、現地調査を実施した 2011 年 11 月第 1 週〜第 4 週の間、涼しくなって人が集まる時間帯である 16 時〜 20 時のうち、なるべくさまざまな時間において状況が観察できるよ

表 6.2 住民間の交流の場の類型

類型	特徴
路地空間	スラム内の路地空間
スラム内広場	スラム内の小広場。祠・礼拝所をともなっている場合が多い
商店街空間	商店街の商店前等のスペース
再開発アパート内空き地	再開発された地区内のアパート間の空間
オープンスペース	小学校校庭などの大きな空き地

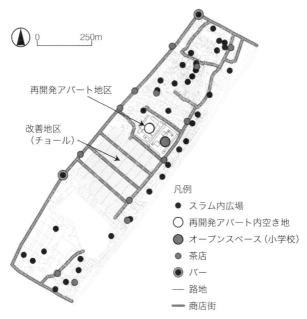

図 6.2 住民間の交流の場の分布（観察調査より）

うに、調査協力者の住民の案内で対象地区内を毎日繰り返し歩いて回ることで、グループが集まる場所の特徴を観察した。その結果、表6.2ならびに図6.2に示すような、住民の集まる場の類型を特定することができた。さらに、それぞれの類型に当てはまる場所でその場に集まっているグループに対してアンケート調査を実施し、その特徴を把握した。

4.2 交流の場の生成と共生の論理

以下、アンケート調査結果に依拠しつつ、アンケート調査にあわせて実施し

た補足ヒアリングの内容や観察調査の結果もあわせて、それぞれの交流場所の特徴をまとめていく。

1 路地空間

コミュニティ内の路地（幅員1～1.5 m程度）は、基本的にコミュニティ内の人のみが利用する空間であり、見ず知らずの人が居座るなどして使用することはない。アンケート調査でも、基本的に、集まる人は前面に接する住宅の住人か、近隣の住人であり、いわば向こう三軒両隣間の関係性を結ぶ場となっている。特に「路地」の重要な特質は、女性の貴重な交流場所となっていることである。家の前の路地空間が女性間の交流に貴重な機会を提供している（写真2）。

写真2　スラム内の路地空間

写真3　スラム内広場

2 スラム内広場

ダラービーの空間構成を考察する上で最も興味深い点の一つがスラム内広場の存在である。狭い路地を入っていくと、広さはさまざまであるが、中庭のような、実に心地のよい広場があり、男女を問わず子どもから大人まで、遊び、くつろぐ姿が見られる（写真3）。そこは祭りや近隣の人々の結婚式、葬式の営まれる場でもある。このスラム内広場は計画的に設置されたものではなく、コミュニティ内で、その発生の当初より住民によって営まれてきた空間であり、アンケート調査を見ても、利用者のうちほぼ95％の人は5分以内の所に住み、互いによく知っている近隣住民の集まる場である。また女性グループあるいは男女混合のグループの割合が約4割を占め、コミュニティ内の女性が気軽に集まれる場である。また、居住年数を見ると約90％の利用者が子どものときから近隣に居住し、コミュニティ結束の場であることが分かる。ただし、逆にいえば、新参者には敷居の高い場でもある。

3 商店街空間

比較的広い街路沿いには商店街が発達しており、商店街の商店脇のスペースには、多くの男性グループが談笑している姿が見られる（写真4）。これらのグループに対するアンケート調査からは、商店街の持つ多様な住民の交流の場としての機能が確認できる。集まっているグループへのアンケート調査によると、当該商店街関係者も4割弱を占めているものの、商店街以外の地区からの来訪者が6割強を占める。特に注目される点が、インタビューしたグループのうち約6割は、宗教混在のグループであったことである。このことから、インドの文化的背景を反映して男性に限られるものの、商店街空間が宗教やコミュニティを超えて住民が集まれる場として機能していることが確認される。また、「周囲のグループと会話するか」といった質問に対しても、約5割のグループが、他のグループといつも会話する関係にあり、人々の緩やかな関係性を保つ場となっていることが分かる。

写真4　商店街で談笑する人々

写真5　再開発アパート内空き地

また、商店街空間以外にも、アンケート調査によれば、男性の場合ほとんどの人（男性回答者の88％）が行きつけの茶店やバーをもっている。特に茶店は、図6.2に示したように、商店街、路地内に数多く存在し、毎日決まった時間に行きつけの茶店に行き、皆でおしゃべりするのがインドの生活文化の一部となっており、人々の多様な関係性を取り結ぶ上で重要な場となっている。これらのことから、街区内のコミュニティが棲み分けの原理により成立する一方で、街区の境界に存在する街路沿いの商店街が、宗教や出身地・言語を超えて住民が交流することの可能な場を提供しているという意味で、バッファーとしての

機能を持ち、共生の仕組みが地域の中に形成されていることが分かる。

4　再開発アパート内空き地

地区内には、政府によりスラムが再開発され、8〜9階建ての再開発アパートが建設された地区がある。アパートには元のスラム住民が優先的に入居する権利が与えられたものの、その権利を売却して移転してしまったりして、他から移転してきた住民も多く入居しているため、アパートの住民は必ずしも互いに顔見知りという関係ではない。このような事情もあって住棟間に空き地はあるものの、スラム内広場が有するようなコミュニティ・スペースとしての機能はなく、維持管理の状況も良好とはいえない（写真5）。当該空き地でのアンケート調査で特徴的なのはグループ内の関係性で、再開発地区の住民の職場仲間、学校友達がほとんどを占める点である。すなわち、コミュニティ内の関係の場というよりは、職場や学校の知人などの「個人の関係」の場という性格が強く見られる。

5　オープンスペース

授業後に校庭が解放される小学校の校庭やクリケット広場などの大規模なオープンスペースは、主に男性に限られるものの、住民が比較的自由に利用することができる場所である。ダラービー各地区内から、友人同士でクリケットを楽しむなど特定の目的のためにこのようなオープンスペースに来訪する。アンケート調査によれば、居住年数が浅い人たちの割合が比較的大きいことが挙げられる。スラムに来て間もない人は路地やスラム内広場には自分の場所を得にくいために、このような自由に出入りできる場所の存在は貴重である。

5　ダラービーの社会生態空間の形成論理

最後に、ダラービーの社会生態空間の形成論理をまとめておきたい。第一に指摘できるのが、ダラービーは住宅、商業のみならず、服飾、皮革製品、金属加工などの零細企業が集積する、活気溢れる一大産業地区でもあるという点である。不良住宅地区であるとの単純な理解のもとで大規模再開発を進めてしまうならば、このような住まいと暮らしの場が複雑・多様に織り込まれた地区の特性が破壊されてしまうであろう。

第二に、住民について見ると、多様な宗教や出身地・言語により異なる社会グループにおいて、人々が集住していくための空間的な論理として容易に他者が入り込むことができず、そのゆえに安全性の確保された路地により構成された同質的コミュニティ間の棲み分けの原理が挙げられる。住宅スペースの狭小な当該地域において、路地空間は、とりわけ、女性の貴重な交流の場として近隣の住民の紐帯を育む場ともなっている。

　第三に、ダラービーにおいて、棲み分けと並ぶもう一つの空間構成原理として生まれてきたのが共生の仕組みである。特に、ヒンドゥー、ムスリム間では深刻な宗教紛争の経験があり、ダラービーのように両者が近接して居住する地域においては両者の共生は重要な課題である。この点で、多様なコミュニティの共生の原理として、商店街が、宗教や出身地・言語を超えて、異なるコミュニティに属する成員間の緩やかなネットワークを形成する交流の場として機能していることが注目される。

　第四に、コミュニティによりスラム内広場が形成・維持され、コミュニティの紐帯の形成のための空間的媒介として重要な役割を果たしている点も重要である。ヒアリング調査によれば、スラム内広場の形成過程は、市街地形成の初期に空き地が広場として利用されていたのが、市街化が進行して建物が建て詰まるにつれて次第に狭まったものの、最終的にコミュニティ住民の冠婚葬祭に必要な最小限のスペースが維持されたものである。このような祠と広場からなる空間構成は、インドの村の中心地区に一般的に見られるものでもあり、都市と農村を意識の上でつなぐ場でもある。スラム内広場は、土地が実体上誰のものでもない中で（登記上は多くの場合、公有地であるが）、いわば、お互い様の論理の中で貴重なコミュニティ空間が維持されてきた例である。

　ここで特に指摘しておかなければならないのは、「フォーマルな都市計画」のもとで、土地賃貸権が公的に付与され、計画的に改善された地区の場合は、敷地規模を最大化するという単純な論理のもとで短冊状に区画整理された結果、このような広場が失われてしまっている点である（図 6.2 において改善地区（チョール）として示した地区）。この事例は、インフォーマルなプロセスで形成されてきた社会生態空間を「フォーマルな都市計画」が破壊してしまうという典型的な事例を提供するものである。再開発アパート地区においても、住棟間に

は空き地があるが、個人間の交流という無機質な交流空間としての色合いが濃い上に、維持管理も十分になされているとはいいがたい。ムンバイ・ダラービーではぐくまれてきた「手づくりのまち」のもつ社会生態空間をいかに住環境改善事業の中で活かしていくのかが問われているといえよう。

注
・本章は、下記の論文を大幅に加筆修正したものである。
城所哲夫、鳥海陽史（2013）「ムンバイ・ダラービーに見るインフォーマル市街地の社会生態空間の生成実態」『日本建築学会計画系論文集』第 78 巻 687 号、pp. 1049-1056

参考文献
・Mumbai Metropolitan Region Development Authority (1996), *Regional Plan (1996-2013)*
・Neelima Risbud (2003), 'The case of Mumbai India, UNDERSTANDING SLUMS', *Case Studies for the Global Report 2003*, UN-HABITAT

第7章 ──パキスタン
「在る」ものを活かした住環境改善

森川真樹

1　インフォーマル市街地での住環境改善

　途上国での低所得層居住地およびスラム地区において、たとえば参加型プロジェクトを通じた開発方法やエンパワメントの観点による考察は、これまで都市計画の分野でもすでに多く論じられている。開発学においては、参加型という方法について批判的議論もたしかに存在しているが、参加型自体を否定するものではなく、どのような考え方のもとに取り組むかを問うものであるといえる。

　参加型プロジェクトについて、人々の参加を活かす方法としてワークショップやグループインタビューの開催、ファシリテーターの導入や育成、フォローアップの方法、といった事業の進め方のデザインに関する重要性は十分に指摘されている。その中で筆者がさらなる分析・考察が不可欠だと考えるのは、次のような事象を見るからである。たとえば開発プロジェクトにおいて、現在の居住・生活環境を改善するための目標が設定される。住民たちは事業実行のために必要な能力が不足していると指摘され、その達成に必要であろう技術や能力の不足を補うべく、該当する能力を育成するためのデザインが重視されるのである。未来の目標を基準にすると、それに対して現時点の能力にはギャップがあるため、そのギャップを埋めるためのプログラム設定がなされる。または、現状を分析していかなる問題があるか発見し、その解決のために何が不足しているかを同定し、現在と解決後にあるギャップを埋めるために何らかの改善や技術・知識習得が必要と指摘される。

他方で、筆者が関心を寄せているのは、このような従来よくある問題解決型のギャップアプローチではなく、すでに「在る」ものをいかに活用するかである。個人にすでに「在る」ものを集めて組織の「在る」ものを増やし、それを相互に効果的に組み合わせることで組織自体の能力も高まり、相乗効果で個人の能力も高まる、という循環である。

　この考え方は斬新というわけでもないが、そのプロセスを注視し、相互作用がうまく進むため、ないし相互作用が生まれるためのデザインを考え、それを実践し続けるところの設計については、従来の議論ではそれほど触れられてきていない。本章のポイントは、ギャップではなく「在る」ものに注目し、その「在る」ものを発見・確認し、活用するアプローチを用いて考察を深めることにある。個人と組織の関わりについても視野に入れる必要があるため、分析の枠組みとして組織学習論を援用していく。

　「在る」ものへの注目は、ここでは深く立ち入って議論をしないが、開発学での貧困研究でも言及されている。佐藤仁は、「貧困研究の多くは、センの研究に代表されるように貧しさの理由を財や資源の不在に求め、その理由を掘り下げることに注力してきた。あるいは、センの飢饉分析に見られたような、かつて在ったものが喪失されていくプロセスを明らかにする研究であった。そこに欠けていた視点は、人々が資源を獲得していくプロセスの研究である」と述べている[1]。引用文書の該当箇所のサブタイトルは「無いものから、在るものへ」となっている。

　本章での対象フィールドとして、筆者が1993年から現在まで自らのフィールドにしている、パキスタンの首都イスラマバードに所在する清掃人居住地での開発活動を取り上げる。そこに住む人々の日々の暮らしの中で起こる行動や発言、所作にも注意しつつ、外部者も含めた各主体による相互作用で構成されていく事柄を鍵とし、二つの住民組織を事例に、その場に参加している筆者も含めた活動従事者が開発プロジェクトを行う中での関係性を見ていきたい。

2　学習する組織とアプリシエイティブ・インクワイアリー（AI）

　本章ではプロジェクトへの参加を通じた個人の学び、組織の学びをいかに活

用して住環境改善事業および開発事業を効果的に展開させるかを考察し、同時に、一人一人の「在る」ものを開花させ、個人および組織でそれを育成・向上させつつ活かす方法を探っていく。フレームワークとして組織学習論を援用し、中でも「学習する組織」と「アプリシエイティブ・インクワイアリー (Appreciative Inquiry：AI)」の考え方を取り上げる。

2.1 組織学習論

組織学習論は経営組織論を理論的ベースとして誕生した研究分野である。その中で、組織学習論には経営組織論とは一線を画すべき二つの特徴がある。1点目は、組織学習論の研究対象は組織の適応過程のような動的変化・発展プロセスに限定される点である。2点目は、より継続的なプロセス、すなわち「長期適応」を中心的な研究対象と想定している点である。

組織学習論が重要視しているのは、組織内における根本的な価値基準の動的変化とそれにともなう知識獲得や行動変化の過程、つまり「長期適応」であり、既存の枠組みからの変化を注視することである。なぜなら、一般的に一度でも知識の獲得が行われれば学習したと見なされるものの、既存の枠組み内でいかに学習活動を行っても根本的な価値基準が誤っていたら結局は間違いから抜け出すことができない、と考えられるからである。その時は偶然良い点が取れたかもしれないが、根本的にその問題の考え方を理解していなければ、次に問題が少し変化して登場すると、もう解けなくなってしまい、真の意味で学習したとは認めがたいからである[2]。

したがって、組織学習論の主題は、根本的な価値観・枠組みが変化し、その結果としての変革プロセスが長期にわたって継続する行動の解明だといえる。途上国都市スラム地区での開発活動において、人や組織の「在る」ものの活用を通じた現場での変革を考察するには適切な視角であろう。

2.2 学習する組織

今日、広く認知されている「学習する組織」論は、MITのピーター・センゲが1990年に発表し2006年に改訂した著作『学習する組織 (The Fifth Discipline: the art and practice of the learning organization)』で提示されたものである。「学

「習する組織」の定義をセンゲは、「主体性と成長の意思を持った自由な人から構成され、環境の変化に対応して、経験・学習を通じて自ら新たな智恵、技術、行動、思考、態度、価値観、世界観を獲得し生成する組織」としている。さらには、「単独、単体、部分ではなく相互関係を捉えるための、また静止的な断片ではなく全体的な変化のパターンを捉えるための枠組み」であると語っている。

　「学習する組織」を用いて組織開発・組織変革を実践している小田理一郎は、「学習する組織」を「目的を効果的に達成するために、組織のメンバーおよびチームの能力と意識を伸ばし続ける組織」と定義している。彼の言葉を借りれば、「学習する組織」の秘訣は三つの優れた組織特性にあり、外的環境の変化をいち早く察知し、自らを新しい環境に適応させる「適応性」、強い衝撃もしなやかに受け止め、回復力に優れる「しなやかな強さ」、自ら学び、創造し、自らをデザインし、常に進化し続ける「自己組織化」、としている。

　センゲによれば、自然界におけるあらゆる成長は、拡張循環の「成長プロセス」と、平衡循環の「制限プロセス」の相互作用によってもたらされるものである。成長・拡大しようとする力と、それを抑制・安定させようとする力が拮抗し、相互に作用し合うことによってダイナミックな「変化のプロセス（ゆらぎ）」の中で変化が進んでいく、という。その変革を維持するために、組織変化に働く二つのプロセスの相互作用を正しく理解しておく必要があるという。

　さらに、「学習する組織」を提唱した当初は、この「変化のプロセス」への理解が不十分であったとセンゲは述べている。多くの学習活動が成長プロセスに取り組むだけで、制限プロセスに対する注意を怠ってきたこと、つまり成長や強化のプロセスが進むほどそれに抵抗し抑制に向かう力も強まる点を見落としていたため、変革が維持されず、最終的に勢いを失ってしまったとしている。センゲの意識している「変化」とは、組織の根本からの変化のことであり、根本からの変化とは、人々の価値観や志や行動における内的な変化と、プロセス・戦略・手法・システムにおける外的な変化を統合した組織変革である。

　「学習する組織」はいわば「人が主体的・自律的に問題に関わり、集団としての相互作用を通じて継続して能力を高められる組織」である。そのためには、個々人が自らの経験を顧み、目的に向かって常に新たな解を見出そうとする取り組みが不可欠である。それを促すため組織開発の分野ではさまざまな方法が

用いられており、その一つがアプリシエイティブ・インクワイアリー（AI）である。

2.3 アプリシエイティブ・インクワイアリー（AI）

　AI とは、対話を通じて個人や組織の能力開花を目標に実践的に用いられる方法の一つである。アプリシエイティブは「(価値を) 認める、見出す」、インクワイアリーは「探究、問い」を意味する。米国オハイオ州にあるケース・ウエスタン・リザーブ大学ウェザーヘッド経営大学院のクーパーライダーとスリバストゥバらにより 1987 年に提唱されたものであり、実践ではブリティッシュ・エアウェイズやハンター・ダグラスといった民間企業からシカゴ市やクリーブランド市、国際開発分野では世界銀行、ワールドビジョンやセーブ・ザ・チルドレンといった国際 NGO でも導入されている。

　クーパーライダー自身は AI を「人や組織、そしてそれを取り巻く社会において何が最高であるかを、組織メンバーの協働を通じて探究し、その中でお互いを高め合う活動」と定義している。それまでの組織開発・変革手法が問題解決型で、欠点や弱点をまず診断し、その克服を追求する発想に立っていたのに対し、AI では、過去の最高の体験を再認識させつつ将来のあるべき方向を意識する問いかけを繰り返し、個人や組織に内在する可能性や活力の源泉を、対話を通じて自ら探究し確認する方法を取る、とのプロセスに有効性を認めている。つまり、問題解決型のギャップアプローチへのアンチテーゼである。その時点での問題を発見して足りないものや間違ったものを同定し、それを満たし修正することで解決する介入ではなく、将来に向けた方向性を個人・組織メンバーで探究し、それぞれが潜在的に持つ能力を発揮させ、組み合わせ、自主自律的なロードマップ作成と実行に導くものである。

　このように AI は、人・組織の自律性を高め、新しい価値や方向性を生みだす際に用いられる方法であり、「学習する組織」との親和性が高いため、組織開発において学習する組織を目指す際には良く活用されている[3]。AI を導入する際の一般的なプロセスをもとに、パキスタンで実施した際には表 7.1 の通りに設計した。インタビュー実施においては、四つの D（ディスカバリー［今あるものを発見する］、ドリーム［何をしたいか想像する］、デザイン［どう進めるか

計画する]、デスティニー[次のステップに向けて承認する])に沿った進行が重要とされ、4Dサイクルと呼ばれている。

日本でAIを実践して約15年の経験をもつヒューマンバリュー社は、AIの有効性について次のように述べている。

- 質問を通して、強みや希望、ポジティブな習慣、理想のストーリー、情熱や夢などを共有することで、組織の新しい文化をつくりだす。
- 自分たちの潜在的なポテンシャルを探究することで、変化へ向かう肯定的なパワーを生みだす。
- 参加者の視座が高まることで、全体性を認識できるようになる。
- より人々をひきつける、組織と未来への共有イメージを生みだし、全員がコミットした持続的な成長プランをつくりだす。

表7.1 AIのプロセス（上から下へ向かって進行順）

項　目	内　容
事前準備	AIを実施する組織やメンバーの意向確認、AIインタビュー素案作成
実施チームとの事前意見交換	パキスタン人同行者（住民）との目標確認、AIインタビュー内容確認および加筆修正
AIセッションの開催	当日集まる全員で何をやろうとするのか意識化。自由に個々の意見を発言できる雰囲気づくりに最も留意
AIインタビュー実施① (4D：ディスカバリー)	グループインタビューにて、これまでの最高体験、ハイポイントを質問
肯定的トピックの選定	個人、組織で何を実現したいのかにフォーカス
AIインタビュー実施② (4D：ディスカバリー)	グループインタビューにて、実現したいことを具体的に明らかにしていく質問。個別の話を一つのストーリーに再構成することで理解を容易に。最高体験の源（ポジティブ・コア）、共通の価値観を発見・確認
ドリーム体現 (4D：ドリーム)	ポジティブ・コアから考えられる「未来の可能性」を最大限に膨らませて表現。未来の可能性からどのようなアイデアが生まれるかを集まったメンバーで対話し、再ストーリー化していく。組織構成員でなくても参加可能
デザイン構築 (4D：デザイン)	次のアクションについて何ができるかについて対話し、具体的な計画、準備まで作成
デスティニー (4D：デスティニー)	これまでの思考、発言、行動をそれぞれ確認し、その場で何が起こったのかを承認。変化を意識し互いに励まし合う
次回計画	思考・行動の継続を目指し、この日の結果をもとに反芻し続ける状態の醸成

ホイットニーら（ヒューマンバリュー社訳、2006）等をもとに筆者作成

3 住環境改善における AI 活用事例

筆者の調査フィールドは、1993 年のパキスタン留学時以来、首都イスラマバードに所在する清掃人居住地が主たる場所である。簡単に概略しておきたい。

3.1 イスラマバードの住環境改善事業

パキスタンの首都イスラマバードは、1959 年 6 月に建国時の首都カラチから遷都する形で新たに建設された計画都市である。イスラマバード建設のために政府は首都開発庁（CDA）を創設し、マスタープランに従った都市建設を委ねた。これは 1960 年 6 月に施行された CDA 条例にもとづくもので、新首都建設に関する種々のプロジェクト立案・実行に支障がでないよう強力な事業執行権が与えられた。

一般的に、パキスタンの中でもイスラマバードは衛生環境の良い街だといわれる。首都開発庁が多くの清掃人を雇用し、道路や公園等の公共用地清掃を常に行っているのも一因であり、国内他都市と比べゴミがあまり散乱していない。ひろく住環境・生活環境まで含めて見渡すと、イスラマバードで最も状態が悪いのがカッチー・アーバーディーと呼ばれるインフォーマル地区である。本章で取り上げる清掃人居住地や、市内のアフガニスタン難民居住地、ムスリムの日雇い労働者居住地を起源にもつムスリムコロニーは、それぞれ劣悪な状況下にある。

清掃人居住地は、たいていが市内を流れている何本かの小川沿いの傾斜地に立地しているため、下水・汚水はすべてこの小川に排出されている。それが劣悪な衛生環境の要因の一つともなっている。同居住地内部の道路は基本的に未舗装で、部分的にコンクリートやレンガ敷きの路地がある程度である。雨季になると地盤が緩むだけでなく、下水排水整備

図 7.1 イスラマバードの位置

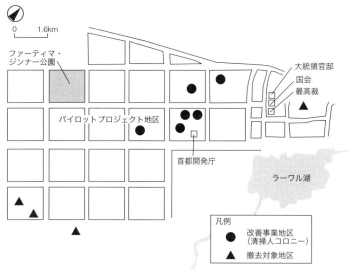

図7.2　イスラマバードのスラム立地略図　（筆者作成）

が悪いために雨水だけでなく生活雑排水までもが路地に溢れ、衛生状態が一気に低下する。また、蓋がないままにマンホールが放置されている例も少なくない上、街灯設置がまれであるため、とくに夜間の移動は大人でも常に足元を注意しないと危険である。

　なお、清掃人居住地の住環境の劣悪さの一因として、清掃人に対する差別がある。イスラマバードの清掃人の多くはインド亜大陸におけるカースト制度での被抑圧カーストに出自を持つ、被差別階層・集団である。また、パキスタンからインド北西部に存在するパンジャーブ人清掃人の特徴の一つがヒンドゥー教からキリスト教への改宗である。イスラマバードの清掃人は大半がクリスチャンであるため、イスラム共和国であるパキスタンにおいて、社会的にも、その時々で立場が厳しくなりうる存在であり、行政の開発活動からはとり残されてきた。就労機会も限られ、収入の低い清掃人や日雇い労働者が職業の主流となるため、社会経済的に貧困層・脆弱層でもあり、自力で住環境整備に投資するのにも限界があった。

1　行政によるスラム対策

　パキスタンにおいて、連邦政府レベルでこれまでいくつかのスラム対策が講

清掃人居住地内部の一例。周囲には行政当局により壁が設置されている。中を流れる小川沿いは低地であり、そこから周壁を見上げると精神的圧迫感を受ける。（筆者撮影）

じられている。1978年1月1日にズィアーウル・ハク大統領（当時）は、公有地に存在する100世帯（100 households）以上の規模を持つスラム住民に土地所有権を与え、水道や電気などのインフラも政府が整備する宣言を行い、スラム改善および正規化プログラムが創設された。1986年4月7日には、ムハンマド・ハーン・ジュネージョー首相（当時）が、1978年1月1日の正規化宣言に変更を加え、1985年3月23日の時点で共有地上にある40戸（40 houses）以上の規模のスラムを対象に、公式に土地所有権を認める旨を発表した。

　国全体では上記の政策が実施される中、首都開発庁はイスラマバードにおけるスラム自体の存在を公式に認めなかった。対策は常に強制撤去や外壁建設による拡大防止であった。首都開発庁がスラムの存在を対外的に認めたのは1990年代に入ってからで、1995年には6カ所の清掃人居住地、3カ所のアフガニスタン難民居住地、1カ所のムスリムコロニーの合計10カ所が公式に存在を認められた。

　そして、清掃人居住地において、首都開発庁による住民参加が謳われたサイト・アンド・サービス型の住環境改善事業（パイロットプロジェクト）が1995年12月に開始された。105区画からなる本プロジェクトについて以下にまとめた。

〈プロジェクトの概要〉
- 1区画約80 m²の土地を1万5000ルピー（当時で約4万5000円）で住民に提供。費用はプロジェクト開始時に首都開発庁に一括で支払う。1区画に居住する世帯数に制限はないが戸数は1戸で登記は1名。連名での登録はできない。
- 住居は自助努力によって建設し、首都開発庁は住居建設に対して補助を出さない。
- インフラとして道路（路地）、水道、下水設備を1戸あたり2万5000ルピーで整備する。支払いは月500ルピーの50回払いとする。

〈プロジェクトの評価〉
- 土地の正式保有者となることで強制撤去の恐れがなくなり、人としての尊厳を得られるほか、住環境整備に対する積極的な投資も潜在的に可能となる。
- プロジェクトでは住民参加が謳われているが、実際には首都開発庁主導ですべて行われ、住民の意見が反映されなかった。支払額も対象住民の収入に見合っておらず、支払い未了で引っ越さざるをえなくなった世帯も出てきた。
- 地区内にリーダーが3人いるが、コロニー全体が一つにまとまっていないため、住民が団結して首都開発庁と交渉することができなかった。

2　住民によるスラム開発活動

　住民組織による開発では、各清掃人居住地でキリスト教系団体による支援が散発的に行われたが、一方的な支援が多く、1990年代にはじめて、外国人開発ワーカーを介して全清掃人居住地を横断する形で一つの住民組織が設立された。各居住地から2名ずつ中央委員が選出され、メンバーから年間120ルピーの会費徴収で参加意識を高める方法を採用したところ、外部からも評価され、さらなる資金援助も受け、一時は清掃人居住地内約2700世帯から1200人の男性世帯主が組織に登録された。1995年には土地入手および住宅整備プロジェクトの立案に入り、将来的に実施を目指す前提で200人のメンバー世帯から各8000ルピー、合計160万ルピーを集めて銀行預金ができるまでに至った。

　他方で、陰で支えていた外国人ワーカーが、異動のため1994年末にこの組織

を離れたのを機会に、中央委員会はこの組織を外部からの組織的サポートを受けない独立した組織へと移行させようと試みた。外国人ワーカーの支援として派遣されていたパキスタン人ソーシャル・オーガナイザーを組織活動に専念させ、体制の確立に奔走した。ところが、こうした体制の変更をきっかけに内部で権力争い・分裂が勃発し、規定されていた1995年の中央委員改選ができなくなった。居住地全体の開発を目指していたものが、政治活動の組織、個人の利益追求の組織へと変わってしまい、最終的には委員による内部資金の使い込み疑惑が持ち上がったことで、この組織は1995年12月に解散となった。

　以上は一例だが、住民組織を通じた住環境改善事業は活動開始時は熱気も高く、メンバーも積極的に開発活動に関わろうとする。ただ時が経つにつれ組織の運営問題に直面し、活動停止を余儀なくされる例が散見される。イスラマバードの清掃人居住地でも、居住地をまたぐ大規模組織を設立すると同じ問題が発生し、居住地単位での組織を中心にした開発が現在は主流になっている。

3.2　二つの住民組織での事例から

　こうした住環境改善事業の実態において、筆者は徐々に居住地単位での活動の有用性に着目するようになった。そして、これまでの通算数年に渡るイスラマバード駐在や短期滞在を通じて住民たちと対話を重ね、今後の開発に向けて見出された課題は、「現存する組織をいかに継続させていくか」「プロジェクトへの参加を通じて個々人がまず自分の能力に気づき、その能力を個人および組織での経験や学習を通じていかに増進・発展させられるか」であった。そこで、住民の中で開発系NGOに勤務していた活動家らとともに効果的なフレームワークを模索し、「学習する組織」や「AI」を援用するに至った。筆者はこれらの理論・方法を学び、ワークショップのアシスタントやファシリテーターを務める中で実践し、その経験を通じて現地関係者への共有を図ってきた。

　2009年には、今後の開発に向けての課題として挙げられていた前述2点について、住民側からの希望もあり、筆者も参加して二つの住民組織「G Trust」（ジートラスト）および「Qadam」（カダム）においてAIを用いたワークショップを実施した。

　このワークショップでは、表7.1のプロセスを意識して場のデザインを行い、AIの原理に沿ったコミュニケーションが発現するよう注意を向けた。インタ

ビューについては、組織の問題が事前に異なっていることが分かっていたため、二つの組織で異なるストーリーで質問をデザインした。清掃人居住地でのAIインタビューでは、特に成人で非識字者が多いことから紙に書いたシートを作成せず、筆者やパキスタン人開発ワーカーをファシリテーターとしたグループディスカッションを主に実施した。その際は、事前のスタッフミーティング自体がAIのプロセスに合致するよう設計している。留意点は、対話を活かした場づくりといいながら、実際にはお互いの意見の優劣を決めるディスカッション・モードになることがあるため、自由に意見を出し合い、お互いの思考や興味、ビジョン、方向性の確認に主眼が置かれていることを必ず意識し、常に確認することである。

1　住民組織「G Trust」でのAI実践ケース

　イスラマバードの清掃人居住地は、行政やNGOといった実施主体を問わず、プロジェクトを通じた開発は一部を除いて有効に進んでいるとはいえない状況にある。清掃人居住地内ではいくつもの住民組織が誕生しては分裂する事例が繰り返され、同一組織で活動を継続しているところは限られている。こうした現実に鑑み、現地ニーズの一つとして挙げられるのが、活動停止組織の復活である。新規組織の設立も意味があるとはいえ、既在組織を復活させる効果的アプローチが確立されれば、今後の地域づくりに向けて住民の期待も高まる。

　住民組織を主体とする開発計画・実施プロセスの課題として、協調関係や信頼関係の向上が先行研究において指摘されている中、解決策の一つとして、活動停止中の組織を再開させることができれば、一つのマイルストーンとなりうる。まず取り上げる住民組織は、清掃人居住地にて1988年から活動を始めたものの2000年代後半に活動停止となった「G Trust」である。

　G Trustは、保健医療、住環境改善、教育、緊急支援と広く開発に携わってきた住民組織である。現代表により1988年に設立され、最盛期には一時雇用も含め10名以上のスタッフを抱えていた。行政による居住地開発が見込まれなかった時期から活動を始め、居住地住民からの認知度は高い。ただし、運営面では外部からの助成金や募金に頼っていたこともあり、資金が徐々に集まらなくなると安定した活動が困難となった。資金減少により複数あったプロジェクトのどれを優先するかで紛糾し、話がまとまらなくなった。結局、2009年5

表 7.2　G Trust のプロジェクト内容

分野	プロジェクト概要
保健医療	改造ワゴン車による救急患者搬送（救急車事業） 保健・衛生指導、出産支援：看護師派遣
住環境改善	居住地内の下水路整備
教育	小中学校の補習授業、識字教室
緊急支援	自然災害後の食糧支援（炊き出し、他）

表 7.3　G Trust を巡る関係者

人物	筆者との関係
代表A　男性　68歳 職業：元料理人	1994年9月に住民組織の活動についてインタビューした経験があり、その後も通りで会うと挨拶を交わす。筆者がスラムにプロジェクトや資金を持ち込む存在ではないことを理解している
メンバーB　女性　60歳 職業：元看護師・助産師	Aの妻。Aとの2002年のインタビュー時に挨拶をしているが、深く対話をしたのは2009年5月が初めて
メンバーC　男性　34歳 職業：清掃業＆賃金労働者	2009年5月に初対面
開発ワーカーD　男性　36歳 職業：国際援助機関勤務 （私的にも開発に取り組む）	2002年冬に別居住地の地域若手リーダーとして初めて出会い、筆者と意気投合。居住地横断的な住民組織にも参加した経緯があり、開発活動に積極的関与。非公式ながら指導的立場にある

月時点で全活動が停止しており、メンバーは3名となった。ちなみに組織代表と筆者は1994年に初めて会い、その後何度か意見交換を行った経緯がある。

G Trust がこれまで取り組んできたプロジェクトの柱は表7.2 の通りである。

AIインタビューは2009年5月に実施され、言語としてパキスタンの国語であるウルドゥー語を用いた。筆者はウルドゥー語での会話能力を有するがネイティブレベルとまではいかないため、英語の堪能な開発ワーカーによる英語での補足やウルドゥー語での通訳も行われた。

G Trust メンバーおよび開発ワーカーと筆者との関係は表7.3 の通りになる（以下では、表中のアルファベットで各人を記述する）。

最初に筆者はAとの久しぶりの再会を喜び、今回の訪問意図を改めて説明した後、日を改めて、集まったメンバー全員と世間話も交えながらインタビューを実施した。AとDは顔見知りであり、DはAのことを以前から尊敬している。同様にAもDのこれまでの活動に敬意を払っており、関係は良好である。AI実施にあたり、Cが非識字者のため質問票を使わず筆者中心にグループインタビューの形をとった。また、メンバーが少ないながらも組織内には序列があるた

め、A→B→Cという順番に座らないよう筆者とワーカーを挟んで円形（サークル）に着席した。同様にインタビュー後の対話や共有の際、Aが口火を切るのが通常のため、毎回はそうならないよう事前に約束事を決め、対話の時にも自然とAが話題を主導しないよう、話題をこちらから振るなど留意していた。

インタビューはAIの「4Dサイクル（表7.1のAIプロセスにおける「ディスカバリー、ドリーム、デザイン、デスティニー」と続く四つの「D」のサイクル）をもとに構成し、次の問いかけを柱とした。

(1) これまでの活動の中で一番嬉しかったことは何であったか（その時の気持ちを思い出して、説明してほしいとの補足付き）。
(2) プロジェクトをしてきた中で、これは大切だ、重要だと自分の中で感じたことは何であったか。
(3) 自分の組織で活動してきたプロジェクトの中で、今再び実施したいものを一つ選ぶなら、何か。もし新しいプロジェクトを始めるとしたら、どんな内容で考えたいか。
(4) 将来起こってほしい最高のことは何か。そこにつながるアクションは何か。

インタビューの進め方は次の通りである。4Dのディスカバリーフェーズでは「最高の体験、ピーク体験」を聞くのが基本だが、単純に最高の体験と問いかけると漠然とした内容であったり、プロジェクトとあまり関係のない話題で答える可能性が高まる。したがって、G Trustの過去の活動についてインタビュー前に談笑しながら聞いておくよう設計し、その後にインタビューで「これまでの活動」と話題を限定することで関係のない話題に飛ばないよう意識をした。次に組織活動に対する個々人の価値観を確認するため、一人一人がプロジェクトに対して何を大切にするのか確認できる質問を作成した。それを受けて、4Dサイクルでのドリームとデザインにつながるよう(3)と(4)の問いを投げかけ、次のアクションに向けて意識が向くように構成している。

インタビューを受けての対話を行う際に、全員で二つの約束事を確認した。一つ目は「誰かが話し始めたら最後までその話を聴くこと。途中で相手の話をさえぎったり話を自分の話題として取ってしまわず、最後まで人の話を判断せずに聴き終えること」。二つ目は、「相手に質問をする時は肯定的な言葉を使う

こと」であった。

　AIインタビューと対話を通じて新しく確認できたことは、「事業を実施することで何を得たかったのか」であった。3人が事業実施にあたって共有できた価値観は、「人が喜ぶ顔を見たい」「感謝されるとすごく嬉しい」「自分が役に立っていると感じる」の3点である。もともとG Trustでは、プロジェクト開始前に組織メンバー一人一人の考えを明らかにしたり、共有しあおうとの考えがなかったことも確認することができた。AIインタビューを通じて、組織内で話し合う「機会」自体は何度もあったことが伺えるものの、プロジェクトに対する思いや考えを「表明し、お互いの理解を目指して話し合う」ことはまったく意識されていなかったことも見えてきた。組織が抱える問題点の中で、一般的にもしばしばいわれる「組織や事業のビジョンが共有できていない」とは、まさにこうした状態といえるであろう。

　これらを受けて、4Dサイクルの「デザイン」のフェーズで、これからのアクションに関する話し合いを行った。その時の議論では、お互いに相手の話を聞く姿勢ができ、改めてお互いの意見を確認しあった後、最終的に救急車事業の再開が決まった。Aが同事業再開を希望し、BとCは、予算確保をどうするかの疑問を出しつつも、特段の反対意見は出さなかった。そこでDから、「医療活動をしている大手NGOに頼めば救急車を借りられる可能性がある。自分が確認する」との発言が出た。BとCは、AIインタビュー中にも予算確保についてたびたび疑問を出していたが、この疑問を明らかにできたことで具体的な対応を考える対話ができ、計画を立てる段階になって皆から肯定的な発言が続いて不安が取り除かれたと後になって語ってくれた。この時点でDの意見に反対する者もおらず、まずは大手NGOから救急車を借りる想定で大まかな計画がつくられた。その後に筆者が確認したところ、計画案をもとに再びDも含めた全員で話し合い、上述の大手NGOと交渉して救急車貸与許可を申請すると報告を受けた。

　救急車事業の再開を決定できたのも、確認した三つの価値観を共有し、以前のような自分の期待するプロジェクトへの固執がなくなり、現時点でやりたい事業に集中する意識が生まれたものといえる。もちろん活動ワーカーDの持つ情報による助成確保の期待もさることながら、再び事業実施することで自ら喜

びを感じること、組織として新しい関係性の中での事業実施に期待する意識が表れたものともいえる。資金獲得の困難さよりも、事業を再開したい意識、自分たちでできるとの自信ないし期待が上回ったと捉えうる。質問と対話を通じて、いかに肯定的な意識を醸成させ、取り組む力を発揮させられるかは、まさに質問と対話の中で更新される関係性にかかわってくるのである。

今回のAIインタビューの結果、組織構成員それぞれがプロジェクトに求めているものを自分自身でまず再確認し、それをメンバー同士で共有できたといえる。代表AとメンバーB、Cとの関係性の融和がそこで起こっている。こうした質問と対話を通じて、各人の過去の最高体験や大切に考えているものが共有できたことから、組織に対する認識がここで新しく構築された、つまり更新された可能性が高い。対話時の約束事として「最後まで聴くこと」「質問時は肯定的な言葉を使うこと」を設定したのは、対話を通じて今回新たに更新される関係性を、肯定的なものへと誘うためでもある。

オープンなコミュニケーションが可能になり、そこからお互いが学び合うためには、何を言ってもこの場では自分の身は脅かされないという心理的安全が確保されることが重要といわれている。組織メンバーとのやり取りからも分かる通り、上記対話の結果、以前には話し合えなかった内容を口に出すことができており、AIの援用は有意であったといえよう。

2 住民組織「Qadam」でのAI実践ケース

二つ目の事例は、こちらはG Trustとは反対に登録メンバーも多く、外部NGOからの資金助成も受け積極的に活動を展開している団体「Qadam」である。概要は表7.4の通りである。

組織代表のハルーン（仮名）に確認したところ、事業費500万ルピーをかけて都市ガスの敷設事業を考えていた。組織設立時に下水道の敷設から事業を展開しており、インフラ整備には組織としても、また代表が個人的にも関心が強いとのことであった。最初の下水道敷設事業では、居住地内300世帯から各200ルピーを集め、下水管の敷設や舗装を行っている。現在は教育や自己啓発に関心をもつスタッフが増え、女性も一緒に家族で観光地となっている丘陵地に出かけるという、レクリエーションを兼ねたジェンダー事業も始めている。

QadamにおいてAIインタビューを実施するにあたり、事前の打ち合わせか

表 7.4　Qadam の活動概要（筆者作成）

項　目	内　容
設立年	2003 年
運営形態	執行部 11 名で運営。登録メンバーは設立当初は 44 名で、現在は 50 名が登録
メンバーシップ	メンバーは月 20 ルピーの会費納入
事業内容	最初は下水道整備プロジェクトを実施。その後に保健、教育、自己啓発、インフラ関連（都市ガス敷設）の事業を実施
外部支援団体	オーストラリア大使館、プラン・インターナショナルから助成金を受領
組織の目標	土地正規化に取り組み、住民が土地所有権（land ownership）を獲得すること

ら見えてきたのは、代表であるハルーンの組織の拡大にともなう不安と、インフラ整備に対するニーズと強い思い、それとは裏腹に外部資金の獲得しやすいインフラ以外の事業とのギャップによる苦悩であった。また、組織代表と執行部の意識統一が不十分ではないかとの代表のコメントもあった。そうした事情を考慮して、以下の質問を鍵として AI インタビューを準備・実施した。

(1)(2)　＊149 頁の質問と同じ。

(3) 自分の組織で活動してきたプロジェクトの中で、一番気に入っているものは何か。どんな内容がいいのか。一番の喜びを誰とでも自由にその感情を共有できるとしたら、誰と共有したいか。その時、どんな言葉や表現、身体の動きで共有しようとしているか（想像してもらう）。

(4) 今、プロジェクトに関して何でも一つできるとしたら、何をしたいか。そこにある最高のものは何か。それにつながるアクションは何か。

Qadam でも執行部メンバーに非識字者が複数存在しているため、質問票を使わず筆者中心にグループインタビューの形をとった。また、やはり組織内で序列が存在するため、席順が序列順にならないよう、またそれを各人が意識することなく自然に座れるようインタビュー前に簡単なワークをする等で配慮した。インタビュー後の対話や共有でも特定のメンバーだけで話を進めないよう約束事を決め、一方的な発言が続いたり優劣を決める議論にならないよう注意した。

実施時に集まったのは、代表の他に 5 名の執行部メンバー、2 名の地元 NGOスタッフ、G Trust の AI インタビューにも参加した清掃人居住地に住む開発ワーカー、および筆者であった。事前の組織情報で執行部メンバー内の関係性が

「コミュニティデザインって何?」と思った方へ。

はじめまして、山崎亮と申します。
コミュニティデザインは、地域の人たちとともに
何かをデザインする行為です。
最初は建築や公園のデザインを地域の
人たちと検討していたのですが、最近では
寺院や生協や病院のあり方についても
地域の人たちと考えるようになってきました。
コミュニティデザインが求められる分野の広がりを、
本書から感じ取っていただければ幸いです。

studio-L 山崎亮

祝！刊行5年
デビュー作にして定本。
好評発売中！

学芸出版社
http://www.gakugei-pub.jp/

学芸出版社

山崎亮の本

働き方と生き方との関係について考えました。

つくることとつくらないことの両方に注意することを探しました。

コミュニティデザインと地域経済との関係について、藻谷さんに聞いてみました。

住宅建築という形式は、もうないらしい。

本で、はたらく！27人の仕事

森に関わる仕事が、これほど多様だとは！！

3.11以後の建築 社会と建築家の新しい関係

いろんな人に、ちょっと建築家に相談しよう！！と思ってもらいたいと思う。

フラットではないと聞いていたので、一つのチームとして共に活動する仲間としての意識について問いかけようと考え、「これまでの活動で一番嬉しかったとき、誰かの力が助けになったか。もしそうなら誰に助けてもらった印象が強いか」と投げかけた。AIは言語を身体化することでさらに理解が深まるとされ、今回は音楽やダンスが好きなメンバーもおり抵抗感が低そうであったため、G Trustの際は入れなかった「表現や身体の動き」を交えて考えてもらう質問も入れてみた。

インタビューを通じ一番大きな出来事だったのは、ハルーンの事業実施に対する考え方に変化が生じたことであった。もともと自らQadamを設立したのは、清掃人居住地でかつて設立され、皆から大きく期待されながら消滅した二つの組織に対する失望からであった。つまり、会費や諸経費等で資金はそれなりに支払ってきたのに、住民が期待するような開発・整備がなんら成果をみなかった2組織への失望と不満であった。そのため「自分で組織をつくるしかない」との意識が高まり、2003年に自らイニシアティブをとって設立したことが分かった。インタビューにおいても、消滅した2組織に対する言葉は辛辣で、インフラ整備を促進するための組織の重要性について強い思いが伺えた。

Qadamオフィスのミーティングスペース（筆者撮影）
家族レクリエーション・プロジェクトの直前に集まったメンバー

それにより、助成金の扱いや、組織が集中すべきプロジェクトに対する代表と執行部メンバーとの違いが改めて明らかになった。ハルーンはそもそもインフラ整備に個人的にも関心が強く、都市ガス敷設プロジェクトにも相当の力を入れて運営したいとの考えが明瞭だった。それに対して、執行部で次席にあたるメンバーは、「資金提供してくれる外部団体が希望する事業を実施して、確実に資金を獲得していく道を歩みたい」との意見だった。この主張もかなりはっきりしたもので、周りのメンバーに緊張が走っていた。ここでの話し合いが事業推進の妨げにならないか気が気ではなかったようである。

　ただ、代表も次席メンバーも、お互いに相手の話を最後まで聴く約束をしており、途中で話が混乱しそうになった際は筆者が場を止めて介入することもあり、ケンカ別れになることだけは避けるよう努めた。

　幸いにも2人の関係はインビュー後も悪化することはなく、終了後の感想では「普段だとお互いに言えないことだった」と他のメンバーも話していた。この後、Qadamの事業はハルーンが思うようなインフラ整備に集中するわけでもなく、外部NGOが期待する事業に取り組み、継続して助成金を得ようとしている。自分がなそうとしている目標も改めて言葉にすることで、それぞれの思いや考えが明らかになった。その点では、代表と次席に齟齬はなく、メンバーにもそれが伝わり、対話を通じたビジョン共有ができたと考えられる。

　インタビューの結果を受けて全メンバーでの意見交換・共有の時間をとった。プロジェクトを通じて一番嬉しかったことは、「下水管整備ができて、路地に流れていた汚水をうまく排水できた時」「子どもたちが喜んでくれた時」といったものだった。他のメンバーとの共有を経て出てきた言葉が「感謝」であった。この「感謝」をもとに、組織の将来像・ビジョンについての対話となり、運営資金で困らない組織づくり、その中でも居住地全体にとっての「感謝」を念頭にプロジェクトを考える体制が浮かび上がってきた。なおQadamでは、デザインフェーズで新しいプロジェクトについて考えるのではなく、組織ビジョンをいかに組織運営につなげるかに話題が集中した。具体的には、助成金受領額のバランスを保つことができる組織体制を構築できるよう、メンバーの一人一人が意識するようになっていった。

　Qadamでの課題として出たのは、最後の対話部分ではみんなが意見を出せる

ようになってきたが、最初は代表と次席の意見主張がどうしても長くなり、他のメンバーが個々人の意見を出し切れたとは言い切れない点であった。資金獲得に関する2人の議論で最初は緊張感が強くなり、発言しづらくなった等、インタビュー後もその話題が出されていた。

　他に評価できるのは、セッションが終わった後であっても、メンバーが自分たちの感じた違和感なり疎外感なりを表明できたことで、それによって代表と次席は、次のミーティングでの話し合いに関する改善点を最後に切り出し、他のメンバーの発言しやすさについても話題になったことを挙げておく。これは関係性の改善でもあり、事業運営上の重要な事柄が参加していた全員に伝わったこととして評価してよいだろう。オープンな対話ができたか否か、互いに共有する価値観を認め将来像を描くプロセスが生まれたか否かについては、すべてにおいて満足いったとはいえなかったものの、話し合いの中で何ができなかったかに参加者が自ら気づき、それを表明できたことはオープンな対話に進む一歩だったといえる。これにより新たな共有が生まれ、次のアクションにつながっていくものである。

4　そこに「在る」ものを活かす

　途上国都市部のインフォーマル市街地においては、公的整備の推進はなかなか期待できないのが一般的で、住民自身による住環境整備活動が広く見られるのが実情である。多くの場合は住民組織を設立し、下水・排水路の改良といったインフラ整備から、識字教室の運営等の社会開発まで種々の活動が見られる。こうしたプロジェクトが実施される際、不足している能力や問題となっている課題にフォーカスする問題解決型のギャップアプローチが主流であるが、筆者のこれまでの経験から、それだけでは活動継続は容易ではないと感じてきた。そうした中、筆者は、人や組織がすでに持っているもの、そこに「在る」ものをどのように活用できるのか、との点が重要だろうと考えるようになった。そして、住民組織が継続して活動を行っていく上で、事業の進め方をどのようにデザインしていくかが鍵だと考え、効果的なアプローチを探す中、組織開発分野で成果を上げている「学習する組織」の考え方と、方法としてのAIの導入が

効果的だとして、自分のフィールドであるイスラマバードの清掃人居住地において実践した。

同地で活動する「G Trust」と「Qadam」という二つの住民組織での活動を具体例として、メンバー同士での対話を通じて、そこに「在る」ものを発見・確認する作業では、G Trustではメンバー3人で共通する価値観を確認することができ、それをもとに救急車事業の再開を目指すことに話が展開した。Qadamでは、組織代表と執行部メンバーでの考え方の違いがはっきりする中、「感謝」という共通点を確認し、また、何ができなかったかに気づき、次のアクションにつながるものとなった。

両組織ともに、事業を進めようとする動きに反する意見も出てきたが、それらを異論として切り落とすことはせず、その意見を聞きつつ、どのような解があるか考えることができた。G Trustはその後にまた話し合いを持って救急車事業再開に舵を切ることができた。Qadamはこの場で具体的な事業計画を立てるまではいかなかったが、筆者帰国後もAIの要素を意識した話し合いを続けていると報告を受けた。それぞれ今回の方法の有用性が認められたといえる。

小さな変化であっても、それが継続されていくことが不可欠であり、その積み重ねによって人と組織が学習し続けることが肝要となろう。「在る」ものを発見し、それを相互に効果的に組み合わせることで人・組織の能力を高め、それを継続させる仕組みをつくるため、引き続きAIを導入した活動を筆者も続け、より効果的なデザインの可能性を探求していきたい。

注
1) 佐藤仁（2009）p. 15-16
2) 安藤史江（2001）p. 16
3) たとえば組織学習協会（Society for Organizational Learning：本部はアメリカ）のページ（www.soljapan.org）が参考になる。

参考文献
・安藤史江（2001）『組織学習と組織内地図』白桃書房
・穂坂光彦（1994）『アジアの街　わたしの住まい』明石書店
・森川真樹（2011）『途上国都市部における組織学習を活かした住環境改善事業に関する研究』東京大学大学院工学系研究科博士論文
・森川真樹、城所哲夫、大" + "西隆（2003）「開発途上国都市のスラム・スクォッター地区開発計画策定及び実施に関する一考察—パキスタン・イスラマバードの事例が示唆するもの—」『日本都市計画学会学術論文集』Vol. 38-3, pp. 13-18

- 佐藤仁（2009）「序章　貧しい人々は何を持っているか？」下村恭民、小林誉明『貧困問題とは何であるか：「開発学」への新しい道』勁草書房、pp.1-24
- ピーター・センゲ［枝廣淳子、小田理一郎、中小路佳代子訳］（1990［2006］）『学習する組織―システム思考で未来を創造する』英知出版社
- ピーター・センゲほか［柴田昌治、スコラ・コンサルト監訳］（2003）『フィールドブック　学習する組織「5つの能力」：企業変革をチームで進める最強ツールV』日本経済新聞社
- ピーター・センゲ［野中郁次郎監訳、高遠裕子訳］（2006）『出現する未来』講談社
- D. ホイットニー、A. トロステンブルーム［株式会社ヒューマンバリュー訳］（2006）『ポジティブチェンジ：主体性と組織力を高めるAI』株式会社ヒューマンバリュー

第 3 部
アフリカ

第 9 章 | ケニア
● ナイロビ

第 8 章 | ザンビア
● ルサカ

第8章 ──ザンビア
ルサカのインフォーマル市街地における空間マネジメント

梶原悠

　この章では、アフリカ、ザンビアの首都ルサカにおける現地研究をもとに、インフォーマル市街地の居住空間およびこれを形成した共同体の知恵が今後の都市計画において重要な資源になりうる点に着目し、インフォーマル市街地における空間マネジメントの実態を、人々の日常的な実践をもとにかたちづくられる柔軟なルールという視点から明らかにする。

　アフリカ都市では人口の20～90%がインフォーマル市街地に居住し、今後もインフォーマルな都市化の進展が予想される。インフォーマル市街地は植民地時代に形成が始まり、独立後は植民地時代から引き継いだ土地制度、都市計画制度が住宅供給の制約要因となって拡大が続いている。インフォーマル市街地の拡大は供給量が不十分で柔軟性に欠如し、高い費用のかかるフォーマルな開発を補完しているという点で都市開発の合理的な手段であり、都市の社会的・経済的資源であるとみなされるようになっているが（Hansen & Vaa, 2004）、これらインフォーマルな開発を都市計画の枠組みにいかに組み込めばよいのか、包括的な概念に進めないでいる。インフォーマルな開発が市街化の原動力となっているアフリカ都市で、西洋の技術である都市計画制度を押しつけるのではなく、共同体による日々の実践から学ぶことでインフォーマル市街地の空間マネジメントのあり方、ひいては都市計画のあり方を見直すことが不可欠であろう。

　本章が対象とするザンビア・ルサカでは1970年代以来、インフォーマル市街地の正規化が行われているが、法的に認められたインフォーマル市街地の開

発を誰がどのように導いていけばよいのか答えが出せないでいる。インフォーマル市街地の空間的秩序が共同体によってどのように維持・形成されているのか、政府の介入がその秩序にどのような影響を与えているのかを探り、両者の関係性から持続的な都市開発マネジメントのあり方を考察する。

1 インフォーマル化する都市・ルサカ

1.1 都市・ルサカの起源

　ルサカが出現したのは現在のコンゴ民主共和国の銅山と南アフリカの海港をつなぐ鉄道線路の建設がこの地に到達した1905年のことである。ルサカの名はこの地の村長であった'Lusaakas'にちなんで名づけられた。ルサカは1928年に282人のヨーロッパ人と1596人のアフリカ人が住む大きな村でしかなかったが、独立前年の1963年には人口が12万人、2010年には174万人と都市規模を拡大させている。

　ルサカの都市としての開発は、1935年に北ローデシアの首都になって以降、ヨーロッパ系移民のための行政都市として始められた。最初の開発計画は1931年にロンドン大学の都市・農村計画の教授であったアドシェッドが計画し、1933年に都市計画エンジニアのボーリングが完成させた。ルサカには1931年にわずか470人のヨーロッパ系住民が居住しているにすぎなかったが、ハワードの田園都市運動の影響を受けていたアドシェッドはヨーロッパ人を8千人、アフリカ人を5千人と将来人口を見積もるなど、アフリカ人人口をきわめて少なく見積もることでヨーロッパ人が特権的な田園環境の中で居住できるような空間計画を行った。一方、ボーリングは鉄道を挟んで東側にヨーロッパ人地区を、西側にアフリカ人地区を計画したが、これはヨーロッパ人とアフリカ人を分離するとともに、小高く水はけの良い一等地にヨーロッパ人を、洪水の影響を受けやすい石灰石の低地にアフリカ人を住まわせることを意図していた。このような土地利用の特徴は現在の都市空間構造にその名残を留めており、現在のルサカの都市構造が植民地時代の都市計画に由来することを示している。

　さらに1952年の法定開発計画はインフォーマル市街地形成の直接的な引き金となった。第2次世界大戦後の好景気により企業がアフリカ人労働者を必要

としたため、政府はこの法定開発計画にもとづいてアフリカ人労働者のための住宅を建設した。しかし、この開発計画は 2842 ha に 2 万 2000 人のヨーロッパ人の住宅を、692 ha に 5 万 2640 人のアフリカ人の住宅を供給するというもので、職を求めてやってくるアフリカ人の実際の住宅需要とはかけ離れていたため、アフリカ人の住宅は不足した。この住宅不足を背景にアフリカ人によるインフォーマル市街地の形成が都市郊外で始まった。アフリカ人にとってインフォーマル市街地は同じ民族の助けによって住む場所を見つけるとともに、インフォーマルな仕事に容易にアクセスできる場となった。一方、行政にとっては、アフリカ人をインフォーマル市街地に住まわせることでインフラ整備や住宅供給の費用を抑え、都市内に安く労働力を確保できることから、インフォーマル市街地の形成は黙認された。独立前年の 1963 年にはルサカのアフリカ人人口の 21%

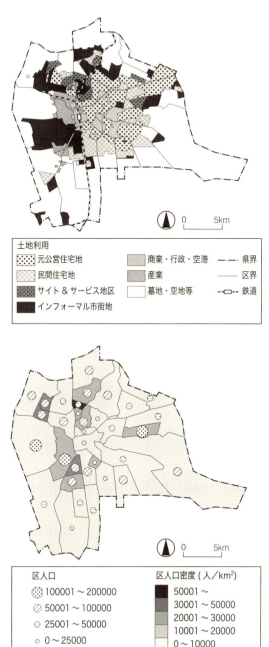

図 8.1　ルサカの土地利用図と人口分布図　(梶原、2013)

がインフォーマル市街地に住んでいたとされる（Tait, 1997）。

1.2 ルサカの都市空間構造

現在のルサカの都市空間構造は、図8.1に示すように、商業業務地区が駅周辺に一点集中し、その周りに住宅地が広がっている。一般にルサカの住宅地は、法的な所有権を有してインフラ整備されている計画居住地と、そうでないインフォーマル市街地に分類される。ルサカ市住宅室は2000年現在のルサカにおける住宅ストックの4分の3がインフォーマルセクターに属すと見積もっている（Schlyter, 2004）。各住宅地の特徴を以下に整理する。

1　計画居住地

計画居住地は形成経緯によって、元公営住宅地、サイト・アンド・サービス地区、民間住宅地に分類できる。

（1）元公営住宅地

1996年の大統領声明により公営住宅の大半は借家人に売り払われたが、住宅供給を公営住宅に依存していたザンビアの住宅政策を反映して、ルサカのフォーマルな住宅ストックの大半が元公営住宅である。元公営住宅には民営化前に中央政府が所有していた元政府住宅と、ルサカ市が所有していた元自治体住宅がある。元政府住宅はその多くが植民地時代のヨーロッパ系住民の住宅に起源を持ち、独立期にヨーロッパ系住民がザンビアから母国に帰国した後、高コストで庭に囲まれ広々とした住宅がザンビア人の政治家や公務員に配分された。一方、元自治体住宅は植民地時代にアフリカ人労働者向けに建設された住宅や、独立後に中所得者向けに開発された住宅であり、現在は市役所勤めの公務員など中所得層が居住している。

（2）サイト・アンド・サービス地区

住宅不足が深刻化していた低所得層に住宅を供給するために、1960～1970年代にサイト・アンド・サービス事業がルサカ市によって実施された。サイト・アンド・サービス事業では、行政は住民に対して土地と最低限のサービスを提供し、住宅やその他のサービスについては住民が自ら用意した。ルサカでは1960年代にザンビア政府の資金援助により行われ、1970年代には世界銀行の融資する大規模プロジェクトにおいて実施された。現在、低・中所得層が居住

する。

　(3) 民間住宅地

　主に都市郊外部で民間が開発する中・高コスト住宅地である。独立以降続いていた社会主義政権が終焉して経済自由化が進められた1991年以降に開発が進んでいる。1995年の土地法改正によって土地市場が自由化され土地の売買が認められたこと、1996年の住宅政策で住宅市場の形成によって住宅ストックの増加を目指すことが示されたことも民間住宅開発が活発化した要因である。開発プロセスはさまざまであり、ルサカ南部の郊外では民間農地を市が買い取って分譲し、土地購入者が住宅を建設している。また、国家住宅局と外国資本の提携による大規模な住宅開発や、郊外の農地での農場主による宅地開発も行われている。

2　インフォーマル市街地

　ルサカにおけるインフォーマル市街地とは人々が法的な所有権なく占有しているエリアであり（Yasini, 2007）、そこでは住民による住宅開発が行われている（Rakodi, 1986）。インフォーマル市街地は鉄道駅の北、北西、南を中心に、産業地区や中心業務地区の近く、郊外の主要道路沿いに広がり、現在、ルサカ人口の約70%がインフォーマル市街地に居住する（UN-HABITAT, 2007）。

　インフォーマル市街地の多くは植民地時代に都市郊外に広がるヨーロッパ系移民の農場で出現した。当時、裕福でないヨーロッパ系農場主はわずかな収入を得るために、住むところのないアフリカ人労働者やその家族に地代の支払いを条件に農場で簡易住宅を建設することを許可した。独立期にヨーロッパ系農場主が帰国して地主が不在となった後は、地代を支払う必要がなくなったため、農村からの移民を引きつけてインフォーマル市街地として拡大していった。またこれとは別に、鉄道駅の西側には植民地政府が設置したアフリカ人労働者向けのセルフ・ヘルプ住宅地に起源をもつインフォーマル市街地がある。セルフ・ヘルプ住宅地では、アフリカ人労働者は都市住宅の水準に満たない安い建材を使用して住宅を建設することが許され、自治体が供給する水などのサービスを利用することができた。これら植民地時代に形成されたセルフ・ヘルプ住宅地は住環境とサービス供給の水準の低さからインフォーマル市街地に分類される。また、ルサカの北部郊外では族長の管轄下にある慣習地で住民による住宅地の

形成が進んでいる。

　以上のように、インフォーマル市街地はさまざまな形成経緯を有し、植民地期以来、低所得層の住宅需要の重要な受け皿となってきたが、法的枠組みの外側で進むこのような形態の開発に対して政府がどのように対応してきたのか、その実態と課題を次節で整理する。

2　インフォーマル市街地の改善施策

2.1　「(法定および改良地区) 住宅法」の制定

　1964年の独立以降、政府は植民地政府から引き継いだ住宅不足を解消するために、公営住宅への巨額の投資やサイト・アンド・サービス事業を行ったが、住宅供給は農村からの移住人口増加に追いつかずインフォーマル市街地は成長し続けた。これを受けて、第2次国家開発計画 (1972〜1976年) では、インフォーマル市街地の住宅を撤去するのではなく社会的・経済的資源とみなして改善した方がよいと認めた。

　インフォーマル市街地の居住環境改善にあたって、高水準の計画居住地を想定した都市農村計画法の適用は現実的でないため、政府はインフォーマル市街地の法的承認と占有者の土地権利承認を可能にする「(法定および改良地区) 住宅法」(以下、住宅法とする) を1974年に制定した。この法にもとづいて翌年から世界銀行等の開発機関の支援によるインフォーマル市街地の正規化とアップグレーディングプロジェクトが開始された。現在までに、独立期に形成されたインフォーマル市街地のほとんどが正規化されて法的な居住地となっている。

　このように住宅法の制定やアップグレーディングプロジェクトの実施が可能であったのは以下のような背景があった。まず、ルサカのインフォーマル市街地は政権党と対立するアフリカ人国民会議の拠点であったため、インフォーマル市街地の居住環境を改善することで政権党への人々の支持を集めることが期待された。第二に、州政府の管轄下にあった都市周辺部のインフォーマル市街地が1970年の都市域の拡大によってルサカ市の管轄下に入ったため、それまで州政府が実施してきたインフォーマル市街地の立ち退きが終了し、ルサカ市の介入が可能となった。最後に、国際的な開発パラダイムを背景に世界銀行が

大規模なアップグレーディングプログラムに関心を持ち、資金提供する準備があった。ルサカは当時、世界銀行によるアップグレーディングプロジェクト評価のためのパイロットスキームに選ばれていた。

2.2　改良地区における開発規制

インフォーマル市街地は住宅法にもとづいて正規化されると、改良地区になり、ルサカ市の住宅・社会事業局の管轄下におかれ、住宅法が排他的に適用されるようになる。ルサカ市はこの法にもとづいて改良地区内のすべての住宅を登記し、占有者に占有許可を発行する。占有許可は占有者に住宅が建っている土地の権利を付与するものであり、改良地区では占有許可なく土地を利用したり占有することは違法となる。しかし、改良地区での開発行為の規制に関して住宅法では何も言及されていない。計画居住地では市の都市計画局が都市農村計画法にもとづいて開発規制を行っているが、都市計画局は住宅・社会事業局の管轄下にある改良地区の開発規制に関与できない。

以上のように改良地区における開発規制の法的根拠が不在にもかかわらず、実際にはルサカ市の住宅・社会事業局と都市計画局はそれぞれ担当者を改良地区に派遣し、暫定的なルールを設けて開発行為の規制を行っている。市の担当者によると、改良地区での土地の分譲や建造物の新規建設を禁止する一方で、既存住宅の増改築や建て替えは市に許可申請することで可能としている。しかし実態は、敷地分割や住宅の新築、塀や柵の建設が無断で行われ、無許可で住宅の増改築が行われている。現場の担当者はこのような無断・無許可の開発行為や、今後出現が危惧されている2階建て住宅の建設などを規制したいと考えているが、現状のその場しのぎのルールでは改良地区における開発行為を規制するには限界がある。

ザンビアではインフォーマル市街地の正規化に関する法的枠組みが整備され、中央政府もルサカ市も正規化の重要性に関する共通認識を持っている。しかし、改良地区における開発規制の法的枠組みが存在しないなど、法的に承認された居住地の居住環境をいかにマネジメントしていけばよいのか、答えが見出せないでいる。

3　インフォーマル市街地における空間マネジメントの実態

インフォーマル市街地の最も重要な特徴の一つは、法的地位が欠如しているため行政による計画的な開発やインフラ整備が行われておらず、土地や住宅の開発、道路スペースの確保など居住空間を住民自ら管理する仕組みを発達させてきたことである (Yasini, 2007)。ここではインフォーマル市街地の空間的秩序がどのように維持されているのか、共同体の人と人との関係性が空間の利用のあり方に反映されていると仮定して、共同体内外の権威の所在に着目することでその実態を明らかにする。ここでは正規化されて改良地区となったチャイサ地区と、正規化されていないチャザンガ地区の二つのインフォーマル市街地を比較対象として見ていく。

3.1　チャイサとチャザンガ

1　改良地区と慣習地

チャイサは市中心部から北に4kmに位置し（図8.2）、約3万人が居住する。植民地時代にヨーロッパ系移民が所有する農場に形成された。1979年に住宅法にもとづいて正規化され改良地区になって以降は、ルサカ市が居住地全体の土地の所有権を有し、占有者に占有許可を発行している。居住地が法的に承認され、市中心部に近い便利な立地にあることから、住む場所や賃貸経営の機会を求める中所得層による土地の取得が見られる。

一方、約2万人の人口を有するチャザンガは市中心部から北に7kmの郊外に

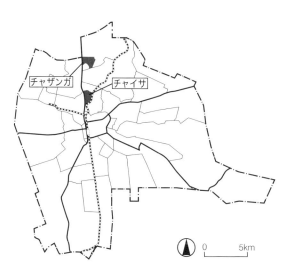

図8.2　調査地の位置図

位置する（図8.2）。ムングレ族長の管轄下にある慣習地で住民による住宅開発が行われており、現在も開発が北に拡大している。もともとはレンジェ語を話す人々の村であったが、1970年代以降に移住者の増加によって都市的な住宅開発が始まった。住宅法にもとづく正規化は行われておらず、土地の所有や開発は族長の管理下にある。

2　住民管理組織

インフォーマル市街地の住民はさまざまな住民管理組織のもとで緩やかに組織化されている。

(1) 区開発委員会

チャイサとチャザンガにはルサカ市の下部組織である区開発委員会がある。区開発委員会は1990年代に開発プログラムへの政治介入を排除することを目的にルサカ市によって導入された。民主的に選ばれた住民代表が委員会のメンバーとなり、無報酬で活動している。委員会は居住地の開発や住民の問題について話し合うために定期的に会合を開き、市に結果を報告する。また、居住地で支援プロジェクトが実施される際には、市と援助供与国・機関とともにプロジェクトの実施主体となるなど、区開発委員会は行政と住民をつなぎ、援助供与国・機関にとって地域の窓口になる。

(2) 政党組織

ザンビアの多くの政党は人々を政治的に組織化するために全国的な組織を有しているが、とりわけインフォーマル市街地では政党組織が住民に対して大きな影響力を持っている。独立後の社会主義時代にはインフォーマル市街地の住民の支援を得るために政治活動に加えて、住民に土地を配分したり、水やバスサービスを提供するなど居住地の開発にも関与していた。区開発委員会の導入により政党組織の影響力は低下したとはいえ、草の根レベルでの住民による政党活動は依然続いている。

(3) 慣習的組織

ザンビアの土地は基本的に都市域が国有地、都市域以外が慣習地であり、国有地が政府の管轄下にあるのに対し、慣習地は族長と村長が管轄している。族長と村長は住民の生活や地域の経済的・社会的開発に対して責任を負い、各民族の慣習に従って住民の居住登録や土地の配分・登記などを実施している。通

常このような慣行は都市域では行われないが、慣習地に形成されたチャザンガでは村長が地域の開発や秩序維持を行っている。

3 調査方法

調査は 2011 年に実施した。チャイサとチャザンガでそれぞれ主要道路に囲まれた範囲を調査地とした（図 8.3）。各調査地内に居住する世帯数はチャイサで約 100 世帯、チャザンガで約 60 世帯である。また、チャイサには 51 人、チャザンガには 35 人の土地所有者（＝住宅を建設して土地を占有する者。2.2 の占有者に同じ）がいる。調査は土地所有者と住民管理組織にインタビューすることで実施した。

3.2 居住空間の特質

図 8.4 は調査地における土地区画の敷地境界の変遷を 1960 年から 2011 年まで年代別に示したものである。チャイサでは 1960 年ごろに最初に分譲されて

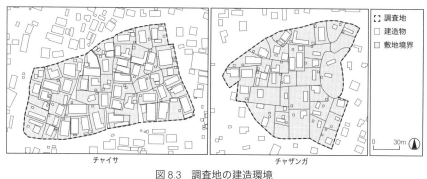

図 8.3 調査地の建造環境

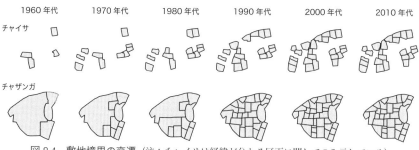

図 8.4 敷地境界の変遷（注：チャイサは経緯が分かる区画に関してのみ示している）

表 8.1 居住空間

	チャイサ	チャザンガ
平均敷地面積	293 m²	337 m²
平均建築（床）面積	127 m²	60 m²
平均建ぺい率	44.3 %	18.8 %

以降は土地のさらなる細分化がほとんど見られず、開発委員会へのインタビューからも土地所有者による土地の分割がきわめてまれであることが分かっている。一方、チャザンガでは1960年代に村長から最後に土地を配分された3人の土地所有者の土地が分譲されることで宅地化が進んだ。土地の分譲は1970年代から徐々に始まり、1990年代に最盛期を迎えている。2000年以降も土地取引は継続しているが敷地分割をともなうことは少なくなり、2000年頃には現在の敷地境界がほぼ確定している。

また、居住空間について見ると、表8.1に示すように建ぺい率はチャイサで44.3%、チャザンガで18.8%と両調査地とも概して低密な居住環境が形成されており、インフォーマル市街地で問題となることの多い建て詰まりによる高密化を抑制する自生的ルールが機能していることが示唆される。しかし、注目すべきは、チャイサの建ぺい率がチャザンガのそれより2倍以上高くなっている点であり、これはチャイサの住宅規模がチャザンガに比べてきわめて大きいことが原因である。一般に住宅の拡張は部屋を賃貸して家賃収入を得るために行われており、住宅規模のさらなる拡大による居住環境の高密化が危惧される。

3.3 土地所有と権威の所在

ここでは、インフォーマル市街地で土地を所有するということがどういうことなのか、その権利を保護する権威がどこにあるのかという点から見てみる。

2.2で述べたように、占有許可は占有者に住宅が建っている土地の権利を認めるが、住宅周りの空き地は市が所有するため、改良地区の土地所有者は敷地境界を定めて空き地を含めた土地の権利を主張することは本来できない。しかし実際には、インフォーマル市街地では住宅周りの空き地も含めた土地の取引が活発に行われている。土地取引の方法としては、かつては占拠や贈与も行われていたが、現在では売買が一般的である。

インフォーマル市街地での土地売買は、まず土地の敷地境界について境界を共有する近隣住民の合意を得てから、売り手と買い手の交渉により土地価格を決定する。敷地境界と売買価格について合意すると、買い手は売り手にお金を払い、売り手から買い手に土地の権利が移転する。その際かわされる売買契約の形態は、過去には口頭での契約が主流であったが現在は書面による契約が一般的である。書面の場合、契約書には売り手と買い手の名前、国民登録番号、土地の売買価格、敷地境界線などが記載される。その際、第三者が証人として立ち会って契約書に署名するのが一般的である。証人として親族や近隣住民、共同体内の有力者などが呼ばれることが多い。また、土地登記と権利証の発行も行われている。チャイサでは土地の所有権を有するルサカ市が、チャザンガでは慣習的な権威である村長が登記業務と土地所有者への権利証の発行を行っている。権利証が付与されることで土地所有者の権利に社会的な正当性が与えられ、第三者にその権利を主張できるようになる。

表8.2はチャイサとチャザンガの土地所有者に対して、土地の取得年、方法、契約形態、登記者、契約の際の証人についてインタビューした結果を整理したものである。

チャイサにおける土地の取得方法について見ると、チャイサの形成が始まった1960年代には政党組織の許可を得て占拠することで土地を取得していたが、開発が活発化した1970年代以降は購入による土地の取得が一般的になり、一部の口頭契約を除いて書面による契約がかわされていることが分かる。土地売買に際しては、1960年代から1979年までの期間は政党組織が売買契約の証人となっていたが、正規化された1979年以降はルサカ市の住宅・社会事業局支所で登記し、占有許可を取得するようになっている。しかし、土地所有者の中には登記や占有許可の存在を知らない者、知っていても必要性を感じていない者も多く、また登記手続きの費用は決して安くないため、市の担当者によると、チャイサでは全土地所有者の43％が占有許可を取得しているにすぎない。

一方、慣習地にあるチャザンガでは族長の権限のもとで村長が土地を配分・登記することになっている。しかし、調査地において実際に村長が土地を配分していたのは1960年代までで、都市的な宅地開発が始まった1970年代以降は村長に無断で土地所有者による分譲が行われている。表8.2にあるように、土

表 8.2　土地取引の概要

チャイサ

取得年	取得方法	契約形態	登記		契約の証人					不明
			ルサカ市	村長	警察	区開発委員会	政党組織	長老	親族	
1960s	占拠	なし	−	−	−	−	○	−	−	
1960s	占拠	なし	−	−	−	−	○	−	−	
1960	占拠	なし	−	−	−	−	−	−	−	○
1964	購入	なし	−	−	−	−	−	−	−	
1970	購入	不明								○
1970	購入	書面								
1971	購入	不明								○
1972	購入	口頭	−	−	−	−	○	−	−	
1974	購入	書面	○注1							
1982	購入	書面	○							
1987	購入	書面	○							
1991	購入	書面	○							
1997	購入	不明								○

チャザンガ

取得年	取得方法	契約形態	登記		契約の証人					不明
			ルサカ市	村長	警察	区開発委員会	政党組織	長老	親族	
1978	購入	書面	−	−	−	○注2	−	−	−	
1980	購入	不明	−	−	−	−	−	−	−	○
1981	購入	書面	−	−	−	−	○	−	−	
1982	購入	書面	−	−	−	−	−	−	−	○
1989	購入	書面	−	−	−	−	−	−	−	
1991	購入	口頭	−	−	−	−	−	−	○	
1993	購入	書面	−	−	−	−	○	−	−	
1996	購入	書面	−	−	−	−	−	−	−	
1997	購入	書面	−	−	−	−	−	−	−	
1998	購入	書面	−	−	−	−	−	−	−	
2002	購入	書面	−	−	−	−	○	−	−	
2002	購入	書面	−	−	−	−	−	−	−	
2002	購入	書面	−	−	−	−	−	−	−	
2003	購入	書面	−	−	−	−	−	−	−	
2004	購入	書面	−	−	−	−	−	−	−	
2005	購入	書面	−	○	−	−	−	−	−	
2006	購入	書面	−	−	○	−	−	−	−	

注1：チャイサの正規化後に占有許可を取得
注2：幼稚園で働く際に権利証の提出を求められたので 2010 年に区開発委員会に発行してもらった

地所有者の大半は 1980 年代以降に土地を購入しているが村長による登記はほとんど行われていない。その要因として、都市的開発の進展による族長と村長の影響力低下に加え、村長による登記手数料が土地所有者にとって安くないという点が挙げられる。このような慣習的な登記システムの機能低下を補完するように、区開発委員会や政党組織、長老など共同体内の多様な権威が売買契約の際に証人となり、土地所有者に擬似的な権利証を発行している。

たとえば、区開発委員会は 2010 年に権利証の発行を始めたが、共同体のメンバーが取得しやすいように村長による登記手数料の約 10 分の 1 の手数料で権利証を発行している。区開発委員会は権利証を発行する権限をルサカ市から認

められているわけではないが、市の下部組織であるため共同体内の権威として土地所有者の土地に対する権利に社会的な正当性を与えることができるようだ。また、共同体内の長老も土地所有者に自作の権利証を発行している。彼は政党組織、慣習的組織、区開発委員会のメンバーを歴任しているため、近隣住民は困ったことがあると彼に相談するなど日常的に頼りにしている。そのため、売買契約の際に彼に証人として立ち会ってもらい、権利証を発行してもらうことがある。売買契約の際に誰を証人とすべきという共同体内のルールがあるわけではなく、自分の土地の権利を守るためには誰が証人として適任か、誰が安く権利証を発行してくれるか、を各人が考えるため、政党組織と長老の双方を証人として呼ぶ者や、警察を証人にする者もいる。

　以上のように、チャイサでは土地所有者の権利はかつて共同体内の政党組織によって保護されていたが、正規化以降はルサカ市によって法的正当性が付与されるようになっており、土地所有を保護する権威は共同体の内部権威から外部権威へと移行しつつあるといえる。一方、チャザンガでは本来慣習地で行われるべき村長の土地への関与が消滅しつつあり、共同体内の多様な権威が擬似的な権利証を発行することで土地所有者の権利を保護しており、共同体的な土地管理が行われているといえよう。

3.4　外部空間の利用

　普段人々は敷地境界を気にすることなく他人の敷地から敷地へと行き交っている。一見すると隣接する敷地と敷地の間には境界線が存在しないように見える。しかし、近隣住民の間では植栽など何らかの目印によって境界が了解されている。このような敷地境界は法的に認められているわけではなく、共同体内の合意により保護されているため「社会的境界」であるといえよう。一方で、各々の土地所有者は自分の土地という観念を有しているので、他人が自分の敷地内に無断で入ってくるのを嫌がり、塀や柵などの「物理的境界」で自分の土地を囲いこみたいと考えている。

　図8.5から分かるように、チャイサでは塀や柵などの設置が普及しつつあり（写真1）、居住空間の高密化と合わせて、住民が自由に行き来できるスペースが少なくなっており、土地所有者による土地の排他的利用が進んでいる。一方、

174

チャザンガでは生け垣を除いて物理的境界はほとんど設置されておらず、土地所有者も敷地内での他人の通行を暗黙のうちに認めているため、住民が自由に行き来し、土地の利用は共同体に開かれている。

塀や柵などの物理的境界の設置は土地の私的・排他的所有観念の象徴である。物理的境界の設置を望まない土地所有者はいないが、実際の設置にあたっては

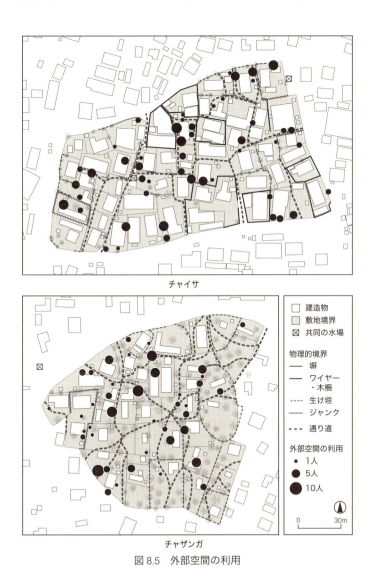

図 8.5　外部空間の利用

写真1　塀で囲まれた家（チャイサ）　　　写真2　人々が出会う場（チャザンガ）

さまざまな制約がある。まず、社会的な制約要因として共同体的規制が挙げられる。一般に土地所有者は「自分の敷地内であれば何をしてもよい」という近代的な私的所有観念を少なからず有しているが、「物理的境界を設置して他人の通行を妨げたら、自分もどこかで妨げられるかもしれないし、自分が困ったときに誰も助けてくれないかもしれない」というお互い様の感覚を持ち合わせているため、これが土地の利用に対する協調や相互監視機能として働いている。次に、経済的な制約要因として物理的境界の設置にかかる経済的費用が挙げられる。多くの土地所有者にとって塀や柵の設置費用を捻出するのは容易ではない。最後に、敷地境界が不明瞭なことも物理的境界の設置を抑制している。物理的境界を設置する際には近隣住民と敷地境界について合意することが不可欠であるが、敷地境界が不明瞭なところではこれを話題にすることがはばかられるほどセンシティブな事項であり、近隣住民の間で敷地境界を明確化することは困難である。

　以上の制約がチャイサとチャザンガでどのように機能しているのかを考えてみる。まず、チャイサでは土地所有者の権利がルサカ市という共同体の外部権威によって法的に保護されているため共同体の「目」がなく、共同体内の協調や相互監視機能が働きにくくなっていると考えられる。加えて、正規化により所得水準の比較的高い土地所有者も多いため、経済的な制約は小さく、お互い様の感覚も共有しにくい。一方、チャザンガでは共同体内部の権威が土地所有者の権利を保護しているため、共同体内の協調や相互監視機能が働き、土地所有者が物理的境界を設置しにくい環境が形成されていると推察される。

ところで、住民の生活空間は家の中に留まらず外に拡張しており、外部空間では女性や子どもが調理、洗濯、掃除、団らんをし、男性が仕事場として使い、畑で農作物を育てる者もいる。図8.5に外部空間の利用状況を示しているが、チャイサにおける外部空間での人の集まりは敷地内居住者に限られ、かつそれは物理的境界によって閉ざされていることが多いが（写真1）、一方のチャザンガでは通行路が縦横に存在するため、中心部に敷地内外の住民間の出会いの場が形成されている（写真2）。両地域とも住民は出身地なども雑多で、強いコミュニティとしてのつながりはないが、チャザンガでは外部空間が公共空間として利用されることで、雑多な人々が日常的に出会い、知り合う機会となっている。

3.5　開発行為の規制

では土地の分譲や住宅の建設など、居住空間を形成する開発行為はどのように規制されているのだろうか？まず、チャザンガでは土地の分譲や住宅の建設などに対してルサカ市や族長・村長による規制は行われておらず、開発行為は土地所有者に委ねられ、共同体内の協調や相互監視機能によって調整されている。建設物が隣の敷地に侵入するなどのトラブルが発生した場合には村長や長老、政党組織、区開発委員会などの仲介によって共同体内で解決が図られている。

一方、チャイサでは毎週木曜日にルサカ市の都市計画局の担当者が、住宅の増改築の許可申請が出されている現場を常駐の住宅・社会事業局の担当者とともに訪れて、周辺環境から増改築の可否を判断することになっている。また、住宅・社会事業局と都市計画局の担当者は共同体内で解決できない土地や住宅に関する住民間トラブルの仲裁も行っている。以下では実際に起こった開発トラブルの事例を通して市の開発規制への関与の実態とその限界を明らかにする。

ある土地所有者Aはまとまったお金を手に入れるために自分が所有する小さな土地を二つに分割して一方を売却しようと考えた。Aは土地を分譲する前に敷地境界を共有する隣人と区開発委員会のリーダーを訪ねて分譲する旨を報告した。隣人と区開発委員会のリーダーは分譲によって建て詰まりが生じるのを危惧し、Aに止めるよう説得を試みたが、Aは聞く耳を持たず、分譲を強行した。

その後、Aから土地を購入したBは近隣住民に相談もなく敷地一杯に住宅を建設したため、近隣住民が恐れていたとおり建て詰まりが生じ、それまで近隣住民が共同の水場に行くのに使っていた通り道を塞いでしまった。これらAとBによる開発行為について住宅・社会事業局と都市計画局の担当者はまったく知らされていなかった。なぜなら、Aは土地の分譲を市が許可しないこと、また近隣住民が反対するであろうことが分かっており、一方のBは開発に関するルールを知らず、さらに、近隣住民や区開発委員会のリーダーは近所付き合いを配慮して揉めごとを起こすのを避け、市の担当者に報告しなかったからである。住宅・社会事業局の担当者によると、土地の分譲と新築はルール上禁止されているが、そうでなくても近隣住民が日常的に使っている共同の水場へのアクセス路を塞ぐような開発行為は社会的にも許されず、もし開発が始まる前に報告を受けていたら開発をやめるよう注意したであろうと証言している。しかし、すでに住宅が建ってしまってはどうすることもできない。

　この事例から分かるように、市の担当者がチャイサ内のすべての開発行為を把握することは不可能であり、また、開発を規制する明確なルールが不在で住民にも周知されていないことから、市による開発規制が機能しているとはいいがたい。さらに、正規化によって土地所有者の権利が法的に保護され、排他的な土地所有観念が普及しているため、区開発委員会などの共同体内の権威は個人の利益を追求する土地所有者による開発行為を阻止する力を持ちえない。そのため、チャイサでは事実上何の規制もなく開発が無秩序に進行し、今後さらなる建て詰まりによって居住環境が劣悪化する危険性がある。

4　持続的な空間マネジメントの構築に向けて

　インフォーマル市街地においても、共同体的社会関係が維持されてきたチャザンガのような地域では柔軟な空間マネジメントにより、低密な居住空間が形成されてきた。共同体的な土地管理のもとで、土地・空間の利用に対する協調や相互監視機能が働くことで全体の利益と個人の利益の調和が図られ、空間的秩序が維持されるとともに、地域のコミュニティも形成されてきた。しかし、今後正規化や開発圧力が強くなれば、チャイサで見られたような賃貸経営によ

る住宅規模の拡大、現金獲得のための土地の分譲、塀や柵による土地の囲い込みなど土地の排他的利用が進み、将来的に建て詰まりによる居住環境の劣悪化が予想される。その際、共同体的規制が脆弱化し、十分に調整機能が働かなくなるだけでなくコミュニティの崩壊も進むであろう。他方、上下水道、道路、住環境の改善はインフォーマル市街地の発展の要であり、行政による計画的な開発は必要不可欠である。このようなインフラ整備にあたり、正規化や民間開発に依存するのではなく、共同体による空間マネジメントを活かし、これを利用した開発が必要であろう。そのためにも政府が法的根拠にもとづいて総合的な開発計画・規制に関する権限を持ちつつも、その内容はこれまで行われてきた共同体的土地管理が尊重されたものでなければならず、実施にあたっては区開発委員会のような市の下部組織でありながら共同体により民主的に選ばれ、共同体を代表できる組織に権限を持たせ、長期的な開発計画や権利の調整等を行えるようにすることが必要と考える。政府による規制機能と共同体的規制機能が補完し合うことが重要であろう。

参考文献
- 梶原悠、城所哲夫（2013）「アフリカ都市におけるインフォーマル市街地の形成と土地制度の特質に関する研究―ナイロビ、ルサカ、ダカールを事例に―」『日本都市計画学会学術研究論文集』Vol. 48-3, pp. 225-230
- Schlyter, A. (2004), *Privatization of Council Housing in Lusaka, Zambia*
- Rakodi, C. (1986), 'Housing in Lusaka: Policies and Progress In', Geoffery Williams (1986), *Lusaka and its Environs*, Zambia Geographical Associations Handbook Series No. 9 Lusaka, pp. 189-209
- Hansen, K. T. & Vaa, M. (2004), *Reconsidering Informality: Perspectives from Urban Africa*, Nordiska Afrikainstitutet
- Tait, J. (1997), *From Self-Help Housing to Sustainable Settlement: Capitalist development and urban planning in Lusaka, Zambia*, Avebury
- Yasini, M. (2007), *The Status of Unplanned Settlements in Lusaka*, Lusaka City Council Research Unit
- UN-HABITAT (2007), *Zambia: Lusaka Urban Profile*

第9章 ——ケニア
ナイロビにおけるノンフォーマルスクールの空間生成プロセスと近隣との関係

井本佐保里

1　ナイロビのスラムとノンフォーマルスクール

1.1　ノンフォーマルスクールの位置づけ

　本章では、ケニア・ナイロビ市内に位置するムクルスラムを対象とし、同スラム内のノンフォーマルスクールに着目する。まずはノンフォーマルスクールとは何かということを、ケニアの教育の現状とあわせて概観する。

　近年、国際社会において子どもの教育に関わるさまざまな目標策定が行われている。特に 1990 年ジョムティエン会議での「万人のための教育（EFA）」や、2000 年ミレニアム開発会議における「ミレニアム開発目標（MDGs）」において、2015 年までにすべての子どもが学校にアクセスできる環境の整備が国際的な目標として定められている。上記の目標策定を受け、ケニアでは 2003 年に初等教育無償化政策が制定され、制度上は、誰もが初等教育にアクセスできる環境が整備された。純就学率も 2008 年には 92.5％に達し、一定の成果を挙げているといえる。一方、州別の就学率を見ると格差が生じており、人々が家畜とともに移動を繰り返しながら生活を営む遊牧地や、一般にスラムと呼ばれるインフォーマル市街地では、行政の手が行き届かず学校整備の遅れが見られる。これらの地域では地域主体の独自の手法で学校整備が行われているが、特にスラムではノンフォーマルスクールと呼ばれるフォーマルスクール（一般に教育省の認可を受けた公立および私立学校）とは異なる特性を持つ学校が台頭している。

ノンフォーマル教育とは一般に「ある目的をもって組織される、フォーマル教育を受けていない子どもや成人が対象となる」(Coombs, 1973) 教育と定義され、特にアジア・アフリカ等途上国で多く見られる。また、ケニアではノンフォーマルスクールを2011年2月より「オルタナティブな基礎的教育と訓練の提供」(Alternative Provision of Basic Education and Training : APBET) として位置づけている。つまり、フォーマルスクールの整備が追いつかない現状において、教育にアクセスすることが困難なより貧困層の子どもの就学機会を補完的に提供する役割を持つものと見なされている。これらは教育省による認可を受けておらず、多くは社会開発省によって「自助団体」として認定されており、教育プログラムや教育環境に関連する基準は課せられていない。しかしながら、これらノンフォーマルスクールのほとんどは教育省が定めたカリキュラムを採用しており、初等教育修了認定試験（KCPE）の受験資格も得ることができる。つまりフォーマルスクールと同様に小学校の卒業証明書を得ることができる仕組みとなっている。

　ケニアの首都ナイロビでは2003年に7万7千人(Ministry of Education, 2009)だったノンフォーマルスクールの通学者が2008年には11万人(Ministry of Education, 2009)にまで増加しており、スラムにおける初等教育の普及を実現する上でノンフォーマルスクールが大きな役割を果たしていることが分かる。

　本章では、特にフォーマルスクールの整備が行き届かないスラムにおいて近年急増し、多くの子どもの教育の場として機能しているノンフォーマルスクールに着目し、その空間生成プロセスを特に地域社会との関係を通して、またフォーマルスクールとの比較を通して明らかにしていきたいと思う。

1.2　ナイロビ・ムクルスラムの概要と調査手法

　ケニアが位置するサブサハラアフリカ（サハラ砂漠以南の地域）は、都市人口に対するスラム人口の割合が世界で最も高い地域である。データを得られたサブサハラアフリカ38カ国中ケニアは10番目にスラム人口が多く、その大半がナイロビに集中している。特に1963年に英国から独立後、急速に近代化・都市化が進行し、農村部より大量の出稼ぎ労働者がナイロビに流れ込み多くのスラムを形成してきた（図9.1）。スラムが占める土地はナイロビの5％だが、こ

こに人口の60%が居住しており(Mugisha, 2006)、低所得者層の受け皿となっているといわれる。

本研究で対象とするムクルスラムは、マカダラ区とエンバカシ区の二つの行政区にまたがり、キベラ（アフリカ最大のスラム）、マザレに次ぎナイロビで第3の面積規模を持つ工業地域内のインフォーマル市街地で、1970年代以降工業地域で働く出稼ぎ労働者が居住することで拡大したという経緯を持つ。統計上ケニア全土に1395校、ナイロビ市内に640校のノンフォーマルスクールが存在するが、そのほとんどがスラム内に立地しているといわれる。ムクルスラム内には6校のフォーマルスクール、70〜80校のノンフォーマルスクールが存在する。

本調査では、このうち4校のフォーマルスクールおよび27校のノンフォーマルスクールを調査対象校として選定した（図9.2）。調査では、教員に対して学校の設立から現在に至るまでのプロセスについてインタビューを行ったほか、敷地内の実測を行った。さらに、特徴の異なる4校のノンフォーマルスクールを選定し、登校から下校まで学校生活1日を通した空間の使われ方について観察調査を行った。

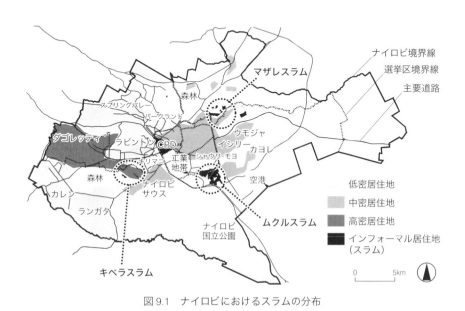

図9.1　ナイロビにおけるスラムの分布

図9.2 フォーマルスクールおよびノンフォーマルスクール位置図（ムクルスラム）

2 ムクルスラムにおける学校の空間生成プロセス

2.1 設立経緯と所有関係

　調査対象としたムクルスラムのフォーマルスクール4校は、1980～90年代に地域リーダー（ビレッジエルダー）の采配で土地を取得し、ノンフォーマルスクールとして設立された後、教育省よりフォーマルスクールとして認可された経緯を持つ。うち2校は同じアイルランド系キリスト教団体による支援を得ながら設立され、フォーマルスクールとして行政に認可させる過程においても同団体が強く関与している。実際に行政との折衝を行ったシスターは現在もムクルスラムの子どもの支援を行っているが、当時は許可を得るためにたいへんな苦労をしたそうである。現在、これら4校を含めたフォーマルスクールは、ナイロビ市教育局の管轄化に置かれており、かつ外部団体から支援を受けながら運営されている。

　一方、ノンフォーマルスクールはどうであろうか。調査対象とした27校中26校は2000年以降に、うち21校が2003年以降に設立されている。設立者は

スラム内のキリスト教団体、あるいは個人が主である。個人の場合、もともとスラム内の他のノンフォーマルスクールに教員として雇用されていた後に独立し、自らが校長となって学校を設立・運営するパターンが多く見られる。

すでに述べたように、ノンフォーマルスクールは教育省が定める学校の設置基準を満たす必要がないため、校長・教員ともに教員免許を持っていない事例も少なくない。つまり、これら学校は、個人のビジネスとしての側面も強く、将来的に認可を受けフォーマルスクールへと移行することは考えられていない。

土地や建物の所有形態を見てみると、ノンフォーマルスクールには、土地を購入し独自の教室を建設する「土地所有タイプ」と、テナントとして物件を借りる「賃貸タイプ」が存在する。多くのノンフォーマルスクールは、設立後移動（引越し）を繰り返しており、27校中20校が移動経験を持っている。移動の特徴を見てみると、学校設立後まもなくは賃貸から賃貸の物件へと移動が行われる。この理由として、「手狭になった」「家賃の値上げ」「大家側の事情（他のテナントを入れたい、用途変更したい等）」「環境の悪さ」、が挙げられる。一方、「賃貸タイプ」から「土地所有タイプ」へと移動した事例も11件確認できた。この理由として、「専有の校庭やトイレの設置が可能となる」「家賃の支払いが不要になる」、そして「大家による一方的な家賃の値上げや追い出し等の心配がなくなる」等のメリットが挙げられた。

以上のように、ノンフォーマルスクールの多くはまず空き室を賃貸することで設立され、徐々により広い面積と敷地の安定を求めて移動を繰り返していることが分かった。

2.2 立地条件と建物配置

次に立地条件と建物配置との関係について見てみる。

図9.3と図9.4に調査対象としたノンフォーマルスクールおよびフォーマルスクールの配置図および概要を示す。フォーマルスクールは、より広い敷地が確保されており、クラスごとの教室、トイレ、事務室などが整備されている。建物は敷地の端にまとまって建設され、より広い校庭を整備しようという意図が読み取れる。

次に、ノンフォーマルスクールについて見ていこう。ムクルスラム内は大き

く「過密なエリア」と「低密なエリア」の2種類に分類することができる。スラム内の大半は「過密なエリア」であり、これは空き地が少なく建て詰まったエリアを指す。一方、居住が禁止されている線路・石油パイプ沿いや川沿い、あるいは大規模な空き地に隣接するエリアは建物密度の低い「低密なエリア」（図9.2グレー部分）に分類できる。図9.2にスラム内で確認することのできた学校の位置を示しているが、特に「低密なエリア」である鉄道・石油パイプ沿いに学校が集中していることが分かる。インタビューを行った教員によれば、同エリアは、線路から左右30mの範囲は居住の用に供する建築が禁止されており、いつ建物が撤去されるか分からない不安定なエリアであること等から比較的安価に土地が取得できるという。以上の理由から「低密なエリア」には「土地所有タイプ」の学校が多く立地している（図9.3参照）。

　では、両エリアにおいて、建物配置はどのようにして決められているのであろうか。

　上述したように「低密なエリア」には「土地所有タイプ」の学校が多く見られる。ここでは教室等の建物を敷地の周囲に配置し、中央にオープンスペースを抱く形状が多い。敷地が細長い場合には教室棟を対面させる形状が見られる。ここで注目したいのは、教室等の建設順序である。⑬NEW校では、まず敷地の両端に教室を建設し、その後中央を埋めていく順序で建設されている（図9.5左）。これは敷地の隅から建設することで境界線を誇示し、両脇からの「Land grabbing：他人の敷地に無許可で建物を建設すること」から敷地を守る手法である。実際に、⑫MEN校の事例では、最初に敷地中央に教会を建設した後、敷地南東方面からLand grabbingが行われたため、さらなる侵入を防ぐために新たに教室を建設して防いだという（図9.5右）。一方、「土地所有＋賃貸タイプ」の事例では、土地所有部分と賃貸部分が隣接しており、まず土地を購入して教室を建設した後、不足分の教室を隣接する建物のオーナーから賃借している事例が多いことが分かった。

　一方、「過密なエリア」では「低密なエリア」に比べ「土地所有タイプ」が少なく、「賃貸タイプ」や「土地所有＋賃貸タイプ」が多く見られる。これらは、長屋の一部分を賃貸したり、親組織であるキリスト教団体の教会施設を間借りするなどして教室を確保している。また、教室がスラム内に分散して整備され

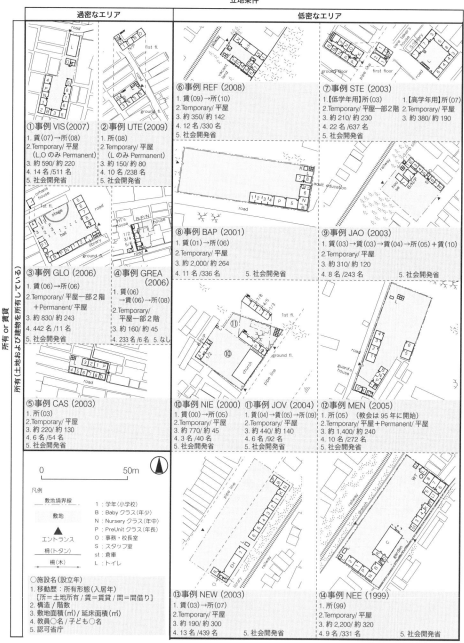

図9.3 調査対象校の配置図および概要（ノンフォーマルスクール）

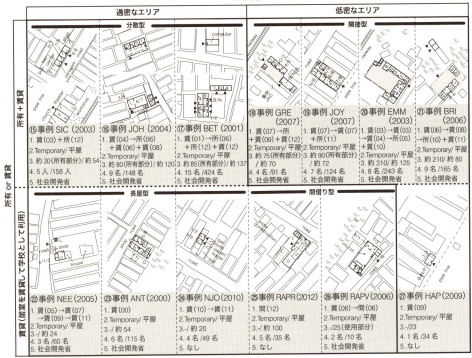

図9.3（続き）

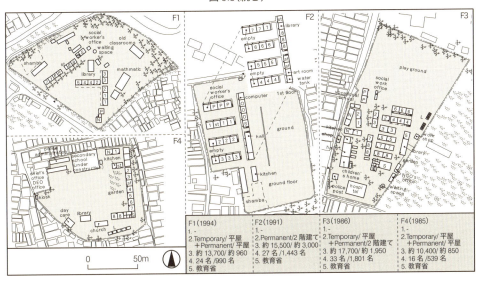

図9.4 調査対象校の配置図および概要（フォーマルスクール）

第9章 ナイロビにおけるノンフォーマルスクールの空間生成プロセスと近隣との関係

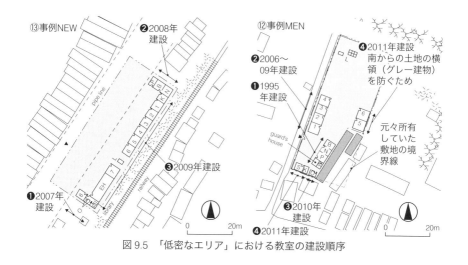

図 9.5 「低密なエリア」における教室の建設順序

ている事例も多く、「過密なエリア」において、まとまった敷地を得ることの難しさが伺える。

2.3 教室のしつらえと工夫

1 教室の構法と寸法（図 9.6）

　ムクルスラムにおける教室の構法は①木の骨組みにトタンを屋根・壁材としたもの（Temporary Structure：仮設構法）と、②石積みの壁、木の小屋組みにトタンを屋根材としたもの（Permanent Structure：恒久構法）に分類することができる。

　フォーマルスクール 4 校の小学校 1 〜 8 年生が使用する 74 教室中、50 教室が恒久構法であり、またこれら教室は教育省が示す基準 8 × 6 m に近い寸法となっている。

　一方、ノンフォーマルスクール 27 校の小学校 1 〜 8 年生が使用する 155 教室のうち 141 教室が仮設構法となっている。調査対象校の中で恒久構法の教室を持つ学校はわずか 3 校でいずれも土地所有タイプの学校であり、かつ親組織となる教会から支援を得て建設されている。教室の寸法を見てみると、仮設構法の教室は大きく基準を下回っている。特に賃貸タイプの教室は小さく、妻面平面ともに 3 〜 4 m に集中している。これは一般的なスラム内の住居寸法が 10

×10フィート（約3×3 m）であることに由来し、これらを教室として賃貸していることを示している。一方、学校が独自に教室を建設した場合でも、仮設構法の教室寸法は特に妻側が3〜4 mに集中しており、仮設構法の規格として10×10フィートの規格が根づいていることが推察できる。

2　ノンフォーマルスクールの教室環境改善に向けた工夫

　仮設構法の教室は、建設コストが安価で簡易であるというメリットがある一方で、断熱性が低く、音が響きやすいといったデメリットもある。また、ノンフォーマルスクールの多くはできる限り建設コストを下げるため、教室に窓を設けていない。これらにより、教室内は雨季の朝晩は非常に寒く、乾季の昼間は暑い。また、特に密度の高い教室内では高い二酸化炭素濃度の数値を示すこともある。これらの対策として、たとえば、断熱性を高めるために、壁に布や板、ダンボールを張る事例が見られる（写真1）ほか、低コストで施工でき、均質な採光、通風を得られるような高窓を採用している事例が見られる（写真2）。これらは、コストをかけずにできる、手づくりによる最低限の対策といえるだろう。

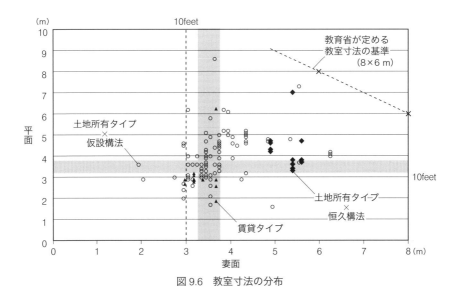

図9.6　教室寸法の分布

写真1　断熱のために木材の板を室内壁に張り付けている　　写真2　均質な採光を得られ、かつローコストで施工できる高窓

2.4　設備・サービスとその整備

　次に、教室以外の設備・サービスとして水道、電気、トイレ、校庭、給食の5点を取り上げ、その整備実態について見ていく。

1　インフラ（水道、電気）の整備状況

　フォーマルスクールでは、4校すべてが敷地内に独自の水道および電気を整備していることが明らかになった。ただし、それらが正規のインフラか否かについては確認することができなった。

　一方、ノンフォーマルスクール27校中水道を整備しているのは2校に留まり、25校は近隣のインフォーマルに整備された水道（正規の水道管に違法にパイプをつないだもの）から購入（20リットルで5～15ケニアシリング（Ksh）程度、2015年5月時点で1Ksh＝約1.26円）している。一方、電気を整備した学校は12校と半数程度である。こちらもインフォーマルに供給された電気（正規の電線から違法に電線をつないで得た電力）を利用していることが明らかになった。

2　トイレ、校庭、給食の整備状況

　フォーマルスクール4校すべてでトイレ、校庭、給食を提供するための厨房が整備されており、登校から下校まで1日の学校生活を通して、敷地内で過ごす環境が整備されていることが明らかになった。

　一方、ノンフォーマルスクールでは学校ごとに整備状況が異なる。図9.7に示すように、27校中7校でトイレが整備されていない。トイレを持たない学校は特に賃貸タイプに多く見られ、一般に近隣の貸トイレを利用している。この場合、月極めの利用料を貸トイレのオーナーに支払うことで子どもが自由に利

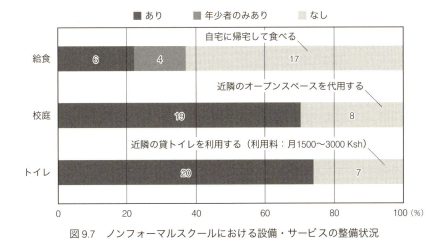

図9.7 ノンフォーマルスクールにおける設備・サービスの整備状況

用できるよう契約している事例が見られた。

次に、8校では校庭が整備されていないことが分かる。このうち6校は賃貸タイプであり、スラム内に点在する大規模な空き地や石油パイプライン上の空き地、近隣の路地を代替としていることが分かった。

最後に、昼食の提供状況については、27校中6校で全員に、4校で年少者のみに昼食を提供していることが分かった。一方で、残り17校では昼食をまったく提供しておらず、多くは昼休みに子どもを帰宅させ、自宅で昼食を摂った後、午後学校に戻るシステムを採用している。しかしながら実際には、子どもは学校近隣の商店でバナナや揚げパンなどを購入し、路上で食べていることが分かった。

3　ノンフォーマルスクールと近隣との関係

以上のように、ムクルスラムでは、ノンフォーマルスクールの大多数が独自に必要な設備やサービスを完備せず、近隣がこれらを補完している状況が明らかになった。これにより、子どもの学校生活や近隣にどのような影響が生じるのであろうか。ここで、トイレ、校庭、昼食をすべて近隣に委ねているBET校（図9.3 ⑰）を事例に見ていきたい。

同校は、2006年に設立され、幼稚園（3学年）と小学校（8学年）の計11クラスで構成される。在籍児童は400人を超え、特に成績のよい学校として人気を誇っている。建物に着目してみると、2006年の設立と同時に長屋を1棟購入、改修して教室として使用している。その後学校が拡大するとともに別の1棟を購入し、高学年用の教室および事務室として利用している。さらに100mほど離れた場所にコンピューター室を1室借りている。トイレは、低学年用として教室の脇に小さな小便所を建設しているほか、幼児用に教室前におまるを置いている。その他の子どもたちは近隣の貸トイレを利用しており、教室から100mほど離れている。また、校庭は持たない代わりに教室から大通りに行き当たるまでの路地を「休憩時間に遊んでよいエリア」として設定している。これは教室前の路地であれば教員の目が行き届き、また車やバイクの通りが少なく安全であるためであるが、実際にはトイレが大通りを渡った先にあるため、大通りを含めて子どもが自由に行き来している状況にある。

　路地での子どもの休憩時の遊びを図9.8に示す。教室に近接した路地や大通りでの遊び行為（ゴムとび、石投げ、走り回る、戦いごっこ等）が見られ、細く人通りのある路地での遊びであることから、多くても4～5人で線状になって遊ぶ様子が確認できた。一方、子ども同士の遊びに加えて、店舗で食物を購入して食べる、店舗で作業する大人や子どもの仕事を観察する等、学校敷地外ならではの行為も見られた。

　このような状況下で子どもの安全はどのようにして確保されているのであろうか。同校の教員によれば、これまで交通事故や地域住民とのトラブルは発生していないとのことであったが、近隣の店主らからは、休憩時に子どもが排水溝に落ちたり、路地に放置されたトタンなどで怪我をする事例があるとのことであった。この際には近隣の店主が第一発見者として、止血などの応急処置を施し、学校に知らせるなどの対応がとられたという。その他、大通り沿いの店主からは「店先で遊ぶ子どもの様子は目に入っており危険ではない」という意見、別の店主からは「子どもが下水を触って遊んでいる時は汚いので注意している」という話、貸トイレのオーナーからは「トイレ利用時に子どもが裸足の場合にはスリッパを貸す」等の話が聞かれた。このように、路地で遊ぶ子どもに対しては、近隣の大人、特に路地に面して商店を営んでいる店主らによる監

視、あるいは見守りともよべる目が注がれており、これにより子どもの遊びは制約を受けながらも、一定の安全性が確保されていると読み取ることができる。

一方、学校近隣で商店を営む店主は、学校と近接していることで商品がよく売れると認識していることが明らかになった。特にバナナや菓子類等の軽食を子どもたちがよく購入すること、学校が長期休暇に入るとこれらの売り上げが落ちる等の話が聞かれ、学校近くに商店を構えることのメリットが明らかになった。調査時にも、昼休みになると学校脇に露天商が現れ、鍋で芋を揚げ、子どもたちに販売する光景が見られた。

図 9.8 路地における BET 校児童の休憩時行為のプロット

第 9 章 ナイロビにおけるノンフォーマルスクールの空間生成プロセスと近隣との関係

4　学校と近隣との新しい関係

　本稿ではムクルスラムのノンフォーマルスクールについて、フォーマルスクールと対比させながらその空間生成プロセスを明らかにした上で、近隣との関係について述べてきた。

　フォーマルスクールでは行政や教会団体等の支援を受け、行政の定める基準に沿った整備が行われている一方、個人や自助団体によって整備・運営が行われるノンフォーマルスクールには、満たすべき基準も存在せず、学校空間のつくられ方にはさまざまな特徴が見られた。

　ノンフォーマルスクールの多くは、一つの空き室を賃貸することで学校を開始し、移動を繰り返しながら最終的に独自の土地を取得することを目指しており、少ない投資で学校を設立し、段階的に学校機能・空間を拡大している状況が明らかになった。これにより、より多くの学校がスラム内に設立され、より貧困層の子どもの教育の場が確保されていっているといえる。また、多くのノンフォーマルスクールは、設備やサービスを独自に完備せずに、近隣の貸トイレ、路地、空き地、商店、各家庭がこれを補っている。学校側にとっては、より少ない投資で運営可能となる点、さらには過密で広い敷地の確保が難しいスラムにおける土地活用の点でも合理的であるといえる。一方、近隣、特に貸トイレや食事を提供する商店の立場からも、商売の売り上げ増加につながる点で、一定のメリットが生じていることも分かった。このような学校と近隣が連携することで成り立つ独自のシステムを構築しながら、ノンフォーマルスクールはムクルスラム内で役割を果たしているといえよう。

　これらの手法は、行政による支援の少なさ、貧困、過密居住地、といった一般にネガティブに捉えられがちな条件下において生成された知恵であるといえる。しかしながら、それらによって生まれた学校と近隣の相互の支え合いや、子どもと近隣の大人との交流のあり方は、特に制度化が進んだ先進国の学校と近隣との関係と比較して、より豊かとはいえないだろうか。近隣と一体となったこの学校モデルを積極的に活かしながら、ノンフォーマルスクールと近隣双方の環境改善を進めていく方法を模索することが重要と考える。

参考文献

- Coombs, P. (1973), *New paths to learning for rural children and youth*, International Council for Educational Development, New York
- Kathuri, J. & Juma, J. (2007), *SLUM EDUCATION Making Low Income Schools Relevant*, The Inter Region Economic Network
- Ministry of Education (2009), *EDUCATION FACTS AND FIGURES*, Ministry of Education, Kenya
- Ministry of Education (2011), *Basic Standard Requirements for Registration of Educational and Training Institutions in the Ministry of Education*, Ministry of Education, Kenya
- Mugisha, F. (2006), 'School enrollment among urban non-slum, slum and rural children in Kenya - Is the urban advantage eroding?', *International Journal of Educational Development*, no. 26, pp. 471-482
- Oketch, M., Mutisya, M., Ngware, M., Ezeh, A. C. (2010), 'Why are there proportionately more pupils enrolled in non-state schools in urban Kenya in spite of FPE policy?', *International Journal of Educational Development*, no. 30, pp. 23-32
- 大塲麻代（2011）「低学費私立小学校間の比較からみる学校選択要因―ケニア共和国首都ナイロビ市内のスラム地域を事例に―」『広島大学教育開発国際協力研究センター国際教育協力論集』第14巻1号、pp. 15-28

結章
「手づくりのまち」の論理

志摩憲寿　柏﨑梢

　本書で取り上げた事例には、いずれにおいても近代的土地制度や都市計画制度というフォーマルなプロセスとは異なる「手づくりのまち」の論理が息づいている。本章では、序章で取り上げた、手づくりのまちをめぐる三つの論点（論点1：マス・ハウジング vs. セルフ・ヘルプ・ハウジング、論点2：エンパワメント vs. 市場活力、論点3：コモンズ vs. 私的土地所有権）に沿って各章事例を振り返りつつ、そこから読み解くことのできる「手づくりのまち」の論理を素描することとしたい。

1　各章事例に読む「手づくりのまち」の到達点

論点1　マス・ハウジング vs. セルフ・ヘルプ・ハウジング

　第一の論点として、住宅や住環境は、住宅専門機関や民間デベロッパー等によるマス・ハウジングを通じて提供されるものなのか、それとも、居住者が自らつくりあげるセルフ・ヘルプ・ハウジングなのかという問いを考えたい。

　たとえば、バングラデシュ・ダッカにおいては、ダッカ都市開発局（RAJUK）が中心となって進めるスラム再開発とマス・ハウジングの供給には、それが一義的に狙う物的な生活インフラの整備に加え、筆者らがスラムの生活空間において観察したような、低コスト住宅の可変性やオープンスペースの多機能性が求められた（第5章）。また、中国の城中村は、都市・農村分割の二元体制という中国に特有の要因によって形成と拡大が進んでおり、「城中村改造」と呼ばれるマス・ハウジング型の再開発事業によって物的な環境の改善は達成された

ものの、居住者の生活という点では課題も多い（第4章）。いずれの事例においてもマス・ハウジング型の住宅・住環境において居住者の生活が十分に考慮されていないことが指摘された。

一方、ナイロビのノンフォーマルスクールは、コミュニティの相互扶助的関係を通じて維持されており、近隣と一体となった学校モデルとして評価されるものであったし（第9章）、また、セルフ・ヘルプ・ハウジングの世界的な嚆矢的事例であるカンポン改善プログラムの手法は、その後もインドネシアにおけるさまざまな居住環境改善策において政策的に継承され、カンポン改善プログラムの経験者たちはコミュニティで活躍している（第1章）。今やセルフ・ヘルプ・ハウジングの事例は世界各地で見られるようになったが、マス・ハウジングとの比較で見ると、セルフ・ヘルプ・ハウジングにはコミュニティの息吹が改めて感じられよう。

論点2　エンパワメント vs. 市場活力

エンパワメントか市場活力かという第二の論点は、政府の役割が縮小されるという点で共通性を有するが、住宅・住環境に対して、社会的な関係性を主として考えるか（エンパワメント）、物的な環境を主として考えるか（市場活力の活用）という差異がある。セルフ・ヘルプ・ハウジングとともに、近年、市場への注目も集まる状況にあって、この論点の重要性が再認識されている。

パキスタン・イスラマバードの事例では、組織学習論の枠組みを通じて、コミュニティにおける最も重要な資源である「人」や「組織」の内部の変化とその可能性が見出され、エンパワメントのプロセスが垣間見られたが（第7章）、スラム政策として先進的に住環境政策を進めてきたタイ・バンコクの事例では、貧困層から始まったコミュニティのエンパワメントの成果と実績を、制度化というプロセスを用いてフォーマル化に試みる際の、コミュニティと政府、それぞれの課題が浮き彫りにされた。エンパワメントの対象が拡大する際に、中間層コミュニティと対峙してしまうという生々しい課題は、これまで貧困層のみを対象としてきたエンパワメント政策の限界と市場活力の利用の難しさを示唆しているといえる（第2章）。一方、ムンバイのダラービーでは、1990年代以降、市場アプローチのもとで民間デベロッパーの参入を促しつつインフォーマ

ル市街地の再開発が積極的に進められているが、こうした民間による再定住アパートの質は問題の多いものであった（第6章）。

論点3　コモンズ vs. 私的土地所有権

　第三の論点である、インフォーマル市街地における土地所有権正規化政策のもとでの私的土地所有権は2000年代に入り注目されているが、コミュニティの結束は、コモンズとしての共有的土地利用があるからこそ醸成されるという側面も軽視できない。実際、ダラービーの事例では、生活文化に根ざした棲み分けと共生の双方を維持するために、コミュニティそのものが空間的媒体として機能していたし（第6章）、ダッカのスラムにおいても、超高密度の限られた空間の中で、日常的な家事や家業、副業的な小規模ビジネスを営んでいくために、人々はオープンスペースの有効利用を図っていた。そして、ザンビア・ルサカの未計画居住地では、まさに土地所有に関する既存の法的管理の根本的な限界が示される一方、コミュニティの社会性を活かした空間マネジメント（土地管理）の有用性が指摘された（第8章）。

　さらに、フィリピン・セブにおける土地取得事業の事例も興味深い。土地取得事業導入から25年が経っても当初の土地問題の解決には至らないものの、同事業がコミュニティにおける生活改善事業へと展開するなど、コミュニティの結束が再度顧みられたのである（第3章）。

2　「手づくりのまち」の論理

　本書で取り上げた「手づくりのまち」の事例はさまざまな論点を浮き彫りにしているが、共通する点も見られる。

　まず、「手づくりのまち」という空間は、家族、生活、仕事、教育といったコミュニティにおける人々の生活が現れた空間であるということである。そして、「手づくりのまち」における人々の営み、とりわけ、こうした空間を改善しようとする営みは、フォーマルな市街地において近代的土地所有権と都市計画制度が想定する「土地所有権の確定→都市マスタープランの確定→都市計画規制の確定→計画・建築許可→開発→居住」という一意的かつ単線的なプロセスでは

なく、行きつ戻りつを繰り返しながら「コミュニティ・ガバナンス」が漸進的に、かつ螺旋を描くように展開することで、「手づくりのまち」がつくりあげられるのであり、換言するならば、こうしたプロセスそのものが「手づくりのまち」の論理ということになろう。

　むろん、インフォーマル市街地の背後には貧困をはじめとして数多くの深刻な課題が存在していることは看過しえない事実であり、安易な結論を導くことはできないが、安易な結論を導いてきた近代土地所有権と都市計画制度はその処方箋を示しえてはいないことも事実である。しかしながら、確かにいえることは、インフォーマル市街地における「手づくりのまち」の論理は、インフォーマル都市化現象のもとで、これからの都市の新たな地平を拓く可能性を有しているということであろう。

　近年、アジア・アフリカ諸国で見られる民主化や地方分権化にともない、都市計画を含むさまざまな分野において「参加」を重視する制度的・政策的改編が進められている。また、海外援助機関も、従来型の事前確定的な都市計画を省みつつ、都市開発分野における「参加」や「ガバナンス」を重視するようになった。こうした国内外の動向が、インフォーマル市街地における「手づくりのまち」の営みと重なりつつ、大きな風となることを期待したい。

索引

■英数
Land grabbing ································185
100-0-100 プログラム ························35
2月革命 ···60
4D サイクル ····································141

■あ
アップグレーディングプロジェクト ············166
アプリシエイティブ・インクワイアリー（AI）
　··140
　──インタビュー ························148
「在る」もの ····································137

■い
イスラマバード ································142
一極集中 ···38
インドネシア・スラム削減政策および行動計画
　（SAPOLA）·······························35
インフォーマル市街地
　······4, 5, 11, 12, 14, 59, 82, 123, 136, 164, 165, 168
インフォーマルセクター ·····················39
インフォーマル都市化 ·························11

■え
エンパワメント ·····················17, 20, 198

■お
オープンスペース ···················109, 133
オン・サイト型 ··································29

■か
開発規制 ··124
開発の担い手 ·····································41
改良地区 ··167
格差 ··38
学習する組織 ···································138
過剰都市化 ··61
仮設構法（Temporary Structure）·········188
カッチー・アーバーディー ··············142
カライル・スラム ····························105
慣習地 ··169
カンポン ···26

　──改善プログラム ···········25, 26, 198

■き
キャパシティ・ビルディング（能力開発）······21
境界 ··41
共同体 ··174
　──的規制 ·································176

■く
区開発委員会 ·························169, 173
グルシャン ·····································106
グローバリゼーション ···························5

■け
計画居住地 ·····································164
権利証 ··172

■こ
公営住宅 ···105
恒久構法（Permanent Structure）········188
国王 ··41
国家住宅公社（NHA）·······················40
コミュニティ・インボルブメント ······20
コミュニティエンパワメント国家プログラム
　（PNPM Mandiri）··························35
コミュニティ・ガバナンス ······19, 200
コミュニティ空間 ····························134
コミュニティ主義 ······························40
コミュニティ組織開発機構 ···············40
コミュニティ組織協議会 ····················46
コミュニティ抵当事業（CMP）·····18, 62
コミュニティの権利 ··························46
コミュニティ・マネジメント ··19, 20, 51
コミュニティリーダー ·······················42
コモンズ ·································18, 199

■さ
再開発 ··91
サイト・アンド・サービス ················17
サブサハラアフリカ ·························181
参加型総合開発 ·································77
参加型プロジェクト ·························136
産業地区 ···133

索引　　*201*

■し
市場活力 ………………………………198
私的土地所有権 ………………………199
児童労働 ………………………………104
社会関係資本論 …………………………70
社会住宅政策 …………………………88
社会生態空間 …………………………123
住環境改善事業 …………………144, 146
集合住宅 …………………………………40
住宅所有者協議会（HOA）………………69
住民委員会 ………………………………41
住民参加 …………………………………41
住民組織 …………………………………41
住民の組織化 ……………………………40
住民リーダー ……………………………40
小規模ビジネス ………………109, 199
条項93-1 …………………………………72
商店街空間 ……………………………132
商品住宅 …………………………………89
城中村 ………………………80, 82, 86, 89, 197
城中村改造 …………………………91, 197
城壁 ………………………………………38
植民地 ……………………………………38
初等教育修了認定試験 ………………181
初等教育無償化政策 …………………180
人口流入 …………………………………39

■す
スクォッター …………………………82
棲み分け ………………………………199
スラム ……………………39, 81, 101, 180
　――改善事業 …………………………17
　――居住者 …………………………101
　――再開発プロジェクト ……………101
　――・スクォッター居住 ……………59
　――内広場 …………………………131

■せ
正規化 …………………………166, 167
清掃人 …………………………………143
　――居住地 …………………………142
世界銀行 ………………………164, 166
セブ市社会住宅事業 …………………72
セブ市都市貧困委員会 ………………62

セルフ・ヘルプ・ハウジング
　（自助型住宅）………………17, 197
占有許可 ……………………167, 171, 172

■そ
総合都市インフラ開発プログラム（IUIDP） …32
組織学習論 …………………………138, 198
村長 …………………………………169, 172

■た
ダッカ …………………………………101
ダッカ都市開発局（RAJUK）
　………………………………104, 197
足るを知る経済 ………………………41

■ち
地域区画性 ……………………………42
地域代表性 ……………………………42
地方政府法（1991年）…………………61
中間層 …………………………………56, 198

■て
テーマ型（の）グループ ………………43
鉄管井戸（チューブウェル）…………109
手づくりのまち ……………14, 197, 199, 200

■と
登記 …………………………………167, 172
都市開発住宅法 ………………………61
都市計画マスタープラン ………………13
都市農村計画法 ……………………166, 167
都市貧困大統領委員会 ………………61
都市廉価賃貸住宅 ……………………88
土地取得事業 …………………………199
土地所有者 ……………………………170
トップダウン型アプローチ ……………61

■に
二元体制 ………………………84, 88, 90

■ね
ネットワーク・グループ ………………44

■の

農民工 …………………………………80, 88
ノンフォーマルスクール ……………180, 198

■は
バーン・マンコン事業 …………………19
バシャンテック・スラム ………………105
バシャンテック再開発住宅プロジェクト（BRP）
　……………………………………………105
バングラデシュ …………………………101
バンコク協議会会合 ……………………48
バンコク都 ………………………………39
万人のための教育（EFA）……………180

■ひ
ピープル・パワー ………………………60
貧困 ………………………………………200
　──緩和重視（Pro-Poor）型開発 …15
　──緩和政策 …………………………15

■ふ
フォーマルスクール ……………………180
フォーマルな市街地 ……………………12
フォーマルな都市計画 …………………134
複雑化 ……………………………………45

■ほ
包括型成長（Inclusive Growth）政策 …15
（法定および改良地区）住宅法 ………166
ボトムアップによるガバナンス ………61

■ま
マイクロ・クレジット（無担保小規模金融）…18
マイクロファイナンス …………………73
マス・ハウジング（大量供給型住宅）……17, 197

■み
未計画居住地 ……………………………199
ミルプール ………………………………106
ミレニアム開発目標（MDGs）………180

■め
メガシティ ………………………………38

■よ

用途純化型ゾーニング …………………18

■り
リサイクル建材 …………………………104

■る
ルサカ ………………………………161, 162

■ろ
ローカル・ガバナンス …………………21
路地空間 …………………………………131

おわりに

　衛生、貧困、犯罪…本書でとりあげたインフォーマル市街地はまた、こうした深刻な問題を多く抱えていることも看過しえない事実である。しかしながら、そのような状況に置かれながらも人々は自らの居住環境を「手づくり」で改善しようとしていた。次々と高層のオフィスや住宅が建設されるアジア・アフリカの現代都市において、打ち捨てられたかのようなインフォーマル市街地は、このようなエネルギーに溢れた場所なのである。本書をきっかけとして、「手づくりのまち」に多くの目が向かうことを期待したい。

　一方で我が身を振り返ってみたい。私たちはかくも真摯に自らの居住環境と向き合っているだろうか。「手づくりのまち」を訪ねると、当たり前のことながら、忘れてしまいがちな、自らの居住環境、そしてそれを形成するコミュニティに対する姿勢を再認識させられる。本書を通じて改めて自らのコミュニティを振り返っていただければとも思う。

　本書は、都市計画や建築の分野に身を置きながらも、型から外れたインフォーマル市街地にこだわりフィールドワークを実践してきた若手研究者と、その指導を長年にわたっておこなってきた城所哲夫准教授の旗振りによって、刊行することとなったものである。本書のいずれの論考も「手づくりのまち」の息づかいが感じられる迫力のあるものとなった。しかしながら、本書でとりあげたのは、ごく限られた「手づくりのまち」の事例であり、かつ、「手づくりのまち」の営みは終わることのないプロセスである。「手づくりのまち」を引き続き追いながら明日の都市への地平を拓く道を見出したい。

　最後にはなったが、学芸出版社の前田裕資氏と神谷彬大氏の叱咤激励がなければ本書を刊行することはできなかった。編者・著者を代表して感謝の意を表させていただく次第である。

　なお、本書の刊行はJSPS科研費「研究成果公開促進費」15HP5211の助成を受けたものである。

2015年11月

志摩憲寿　柏﨑梢

著者略歴

【編著者】

城所哲夫（きどころ・てつお）

1958年生まれ。東京大学大学院工学系研究科都市工学専攻准教授。博士（工学）。東京大学大学院修士課程修了、国連 ESCAP Associate Expert、国連地域開発センター専門研究員、チュラロンコン大学客員講師を経て、1996年4月より現職。国連大学高等研究所客員教授、世界銀行・アジア開発銀行コンサルタント、OECD 専門家等。専門分野は、都市・地域計画、アジア都市計画。主な著作に『復興まちづくり最前線』（編著、学芸出版社）、『広域計画と地域の持続可能性』（共著、学芸出版社）、『Understanding African Urbanization: Discourse, Representation and Actuality』（編著、東京大学都市持続再生研究センター）、『Sustainable City Regions: Space, Place and Governance』（編著、Springer）、『Vulnerable Cities: Realities, Innovations and Strategies』（編著、Springer）など。

志摩憲寿（しま・のりひさ）

1977年生まれ。東洋大学国際地域学部准教授。博士（工学）。東京大学大学院博士課程修了、東京大学都市持続再生研究センター特任講師などを経て2014年より現職。国連ハビタット、アジア開発銀行でコンサルタント、国連大学でリサーチフェローなども兼任。専門分野は都市計画・まちづくり。近年は東南アジアに加えサブサハラアフリカも研究対象としている。主な著作に『Understanding African Urbanization: Discourse, Representation and Actuality』（編著、東京大学都市持続再生研究センター）、『世界のSSD100：都市持続再生のツボ』（編著、彰国社）など。

柏﨑梢（かしわざき・こずえ）

1981年生まれ。東洋大学国際地域学部特任講師。博士（工学）。アジア工科大学院（Asian Institute of Technology）修士課程修了、東京大学大学院博士課程修了。横浜国立大学男女共同参画推進センターみはらかす研究員、東京大学大学院都市持続再生学コース（東大まちづくり大学院）特任助教などを経て、2015年5月より現職。専門分野は、アジア都市計画、コミュニティ開発。主な論文に「タイの都市中間層による地域コミュニティ開発活動の実施状況および制度的課題に関する一考察」（『日本都市計画学会都市計画論文集』49-3号、2014年）など。

【著者】

小早川裕子（こばやかわ・ゆうこ）

東洋大学国際地域学部特任講師兼海外研修コーディネーター。博士（国際地域学）。豪州ニューサウスウェルズ州立大学（University of New South Wales）文学部卒業、東洋大学大学院修士課程国際地域学研究科国際地域学専攻および同博士課程国際地域学研究科修了。専門分野は、フィリピン地域研究、コミュニティ開発。

孫立（そん・り）

1974年生まれ。北京建築大学都市計画系副主任、副教授、中国認定都市計画師。博士（工学）。専門分野は、都市・地域計画。主な著作に『中国城中村の現状とその住環境整備』（中国建築工業出版社）、『北京建築大学教師計画作品集』（編著、中国建築工業出版社）など。

北原玲子（きたはら・れいこ）

1969年生まれ。名古屋女子大学家政学部生活環境学科専任講師。博士（工学）。日本女子大学大学院修士課程修了後、東 環境・建築研究所にて設計・施工監理。その後、東京大学大学院博士課程修了、日本女子大学・早稲田大学・東洋大学非常勤講師を経て、2015年4月より現職。専門分野は、建築計画、建築設計、住居学、居住文化論。

ナンディニ・アワル（Nandini Awal）

1980年生まれ。BRAC University, Department of Architecture 准教授。博士（工学）。BUET (Bangladesh University of Engineering and Technology) 卒業、東京大学大学院博士課程修了。2013年6月より現職。専門分野は、建築計画、建築設計。

鳥海陽史 (とりうみ・ようじ)

1987年生まれ。独立行政法人国際協力機構（JICA）職員。修士（工学）。東京大学大学院修士課程修了、2012年4月より現職。専門分野は、都市・地域計画。国際協力機構においてパキスタンの円借款案件を担当した後、現在はモンゴル、東ティモール、ブータンなどの都市・地域開発案件や、ネパールにおける地震災害復旧・復興案件を担当。

森川真樹 (もりかわ・まき)

1969年生まれ。独立行政法人国際協力機構（JICA）国際協力専門員。博士（工学）。東京大学大学院博士課程単位取得退学、ユネスコ・アジア文化センター、立教大学アジア地域研究所研究員、在パキスタン日本国大使館専門調査員、国際協力銀行専門調査員、（株）国際開発アソシエイツ等を経て、2015年8月より現職。専門分野は、都市・地域開発計画。主な著作に『世界のSSD100：都市持続再生のツボ』（共著、彰国社）、『現代パキスタン分析：民族・国民・国家』（共著、岩波書店）など。

梶原悠 (かじはら・はるか)

1983年生まれ。東京大学大学院工学系研究科都市工学専攻博士課程。主な研究テーマは、アフリカの都市計画、都市のインフォーマリティ。主な著作に『Understanding African Urbanization: Discourse, Representation and Actuality』（共著、東京大学都市持続再生研究センター）。

井本佐保里 (いもと・さおり)

1983年生まれ。東京大学大学院工学系研究科建築学専攻・復興デザイン研究体助教。博士（工学）。（株）藤木隆男建築研究所、日本学術振興会特別研究員を経て、東京大学大学院工学系研究科建築学専攻博士課程修了。2014年7月より現職。専門分野は建築計画、特に災害後の生活再建、スラムにおける子ども施設に関連する研究・実践。主な著作に『保育環境のデザイン』（共著、全国社会福祉協議会）、『Understanding African Urbanization: Discourse, Representation and Actuality』（共著、東京大学都市持続再生研究センター）。

アジア・アフリカの都市コミュニティ
「手づくりのまち」の形成論理とエンパワメントの実践

2015年12月25日　初版第1刷発行
2016年　1月10日　初版第2刷発行

編著者 ……… 城所哲夫、志摩憲寿、柏﨑梢
著　者 ……… 小早川裕子、孫立、北原玲子、
　　　　　　　ナンディニ・アワル、鳥海陽史、
　　　　　　　森川真樹、梶原悠、井本佐保里
発行者 ……… 前田裕資
発行所 ……… 株式会社学芸出版社
　　　　　　　京都市下京区木津屋橋通西洞院東入
　　　　　　　電話 075-343-0811　〒600-8216
装　丁 ……… 上野かおる
印　刷 ……… イチダ写真製版
製　本 ……… 山崎紙工

©城所哲夫、志摩憲寿、柏﨑梢ほか 2015　　　　Printed in Japan
ISBN 978-4-7615-2613-9

JCOPY 〈(社)出版者著作権管理機構委託出版物〉
本書の無断複写(電子化を含む)は著作権法上での例外を除き禁じられています。複写される場合は、そのつど事前に、(社)出版者著作権管理機構(電話 03-3513-6969、FAX 03-3513-6979、e-mail: info@jcopy.or.jp)の許諾を得て下さい。 また本書を代行業者等の第三者に依頼してスキャンやデジタル化することは、たとえ個人や家庭内での利用でも著作権法違反です。

好評既刊書

ドイツの地域再生戦略　コミュニティ・マネージメント　　室田昌子　著

A5判・256頁・定価 本体2800円+税

日本にさきがけて都市の縮小、地域の衰退に見舞われたドイツでは、国、州、自治体、地域住民、市民団体、地元企業をあげてパートナーシップを組み、コミュニティ・エンパワメントを軸としたコミュニティ・マネージメントで再生をめざす、ソフト・ハードの取り組みを進めている。その事業体制と手法を初めて紹介する待望の書。

東日本大震災　復興まちづくり最前線　　大西隆・城所哲夫・瀬田史彦　編著

東大まちづくり大学院シリーズ　　A5判・384頁・定価 本体3800円+税

東日本大震災から2年。種々の問題を抱えながら復興まちづくりがようやく動き出す。果たしてグランド・デザインは定まったのか。制度は十分に機能しているのか。また現場での実践のなかで、どのような成果、問題が出ているのか。最前線で奮闘する行動的研究者と被災都市の市長の寄稿により、全体像と展望を明らかにする。

広域計画と地域の持続可能性　　大西隆　編著

東大まちづくり大学院シリーズ　　A5判・256頁・定価 本体2800円+税

地域主権が具体化し基礎自治体を中心とした自治が進むと、国や府県の関与が減る分、環境や農地の保全、産業振興など、広域で取り組むべき問題をどうするかが、重要になる。多数の自治体や民間・市民など多元的な主体を結び、活動を生み出すための指針として広域計画が是非必要だ。内外の事例から立案手法まで幅広く紹介する。

都市・地域の持続可能性アセスメント　　原科幸彦・小泉秀樹　編著

人口減少時代のプランニングシステム　　A5判・264頁・定価 本体3200円+税

環境、経済、社会の三面を総合的に評価する包括的アプローチ＝持続可能性アセスメントが生まれた。これは都市や地域の計画策定を持続可能性に配慮しながら合理的かつ民主的に進めるための新しいプランニングのシステムである。その考え方と海外の先進事例、日本での萌芽的な実践例を紹介し、人口減少時代にこそ求められるレジリエンスと持続可能性を高める計画への展望と、合意形成への道を示す。

図説　都市空間の構想力　東京大学都市デザイン研究室 編　西村幸夫・中島直人ほか　著

B5判・184頁・定価 本体3700円+税

乱雑に見える無名の風景にも意図があり物語がある。それを読み解くことは、すでにそこにある都市空間をより良くしていくための最大の武器となる。丹下健三が開き西村幸夫が率いる東京大学都市デザイン研究室が、10年の歳月を費やしてまとめたデザインの拠り所。建築・都市デザイン、都市計画・まちづくりの出発点となる一冊。

太子堂・住民参加のまちづくり　暮らしがあるからまちなのだ！　　梅津政之輔　著

四六判・208頁・定価 本体1900円+税

30余年、ワークショップやまち歩き、協議会方式など参加型まちづくりの最先端を切り開いてきた世田谷区太子堂の地元リーダーによる書き下ろし。今なお続くトップダウン、ハード先行の大規模整備と比べ、早く、安く安全性を高め、コミュニティの絆も強めてきた太子堂の経験と、そこから生まれた思想を伝える渾身の一冊。